教科ガイド

ガイド

東京書籍 版

公共

TEXT

BOOK

GUIDE

文研出版

はしがき

　本書は，東京書籍発行の高等学校・公共の教科書「公共」に準拠した教科書解説書として編集されたものです。教科書内容がスムーズに理解できるように工夫されています。予習や復習，試験前の学習にお役立てください。

 **本書の構成**

本文	
要点整理	教科書の単元構成（部・章・項）の順序に従い，教科書の内容を簡潔にわかりやすく整理しています。
「コラム」や「コーナー」	教科書の各章で掲載されている「コラム」や「ゼミナール」，「アプローチ」なども要点を簡潔にまとめ，理解しやすく整理してあり，学習の手助けになります。

演習	
☑ **重要用語チェック！**	テストに出やすい重要用語を一問一答形式で確認できます。
📝 **演習問題**	教科書の一つの章，もしくは複数の項で扱った内容の演習問題です。

解答と解説	
☑ **重要用語チェック！** 📝 **演習問題**	の解答を掲載しています。

写真提供

dpa／PPS通信社／朝日新聞社／アフロ／国立国会図書館ウェブサイト／時事通信フォト／ジャパンアーカイブズ／新華社／東京新聞／東阪航空サービス／毎日新聞社／ユニフォトプレスインターナショナル

目次

第3部 持続可能な社会づくりに参画するために

第1部　「公共」のとびら

第1章 公共的な空間をつくる私たち—社会のなかの自己　　教科書 **p.10〜21**

(1)　現代社会に生きる青年 ➡ 教 p.10〜13

1 青年期と自己形成の課題

青年期の特徴

①**青年期**…人間の生涯にわたる**発達**のなかで，子どもから大人への過渡期にあたる時期。

→単純に年齢で区分されるものではない。

②**自我のめざめ**…青年期に他人とは異なる自分に気づき，自分はどんな人でありたいかと自分自身に問いかける経験をする。

→このような経験をルソーは**第二の誕生**と表現した。

> **第二の誕生**
> 　私たちは，いわば，2回この世に生まれる。1回目は存在するために，2回目は生きるために。はじめは人間に生まれ，つぎには男性か女性に生まれる。
> 　　　　　　　　　(ルソー『エミール』)

👤**ルソー**…フランスの思想家。主著は『社会契約論』，『エミール』。

🔽 さまざまな青年期のとらえ方

	提唱者	概要
疾風怒濤の時代	ホール	おさえがたい激情にかられ，不安と動揺を経験する様。
マージナル・マン（境界人）	レヴィン	子どもと大人という二つの異なる集団の狭間にあり，行動や情緒が不安定な人。
心理的離乳	ホリングワース	精神的な面で親からの分離・独立を求めること。

アイデンティティの確立

①**発達課題**…人間の生涯には，乳児期から老年期にいたる各段階があり，各段階には達成すべき課題があるとされる。

②青年期の発達課題

▶**アイデンティティの確立**

→**アイデンティティ**…自分という人間をよく知り，自分が自分であるということを確信すること(自我同一性)。

→**エリクソン**は青年期の発達課題をアイデンティティ(自我同一性)の確立にあるとした。

→アイデンティティの確立には，自己の内面を追求することのみならず，社会集団のなかで自分らしさを他者から承認される経験が必要。

- ▶**アイデンティティ拡散**…アイデンティティの確立がうまくいかず，やるべきことから逃げたり，自分で自分が分からなくなったりする状態のこと。
- 👤**エリクソン**…ドイツ生まれのアメリカの精神分析学者。主著は『幼児期と社会』，『アイデンティティとライフサイクル』。

〈アクティブ公民〉**青年期の発達課題について考えてみよう**

　❤ アメリカの心理学者ハヴィガーストによる青年期の発達課題

1	同性の友人や仲間をつくり，成熟した人間関係をもつこと
2	異性の友人または恋人をつくり，男女交際を学ぶこと
3	自分の身体をよく知り，有効に使うこと
4	両親やほかの大人から精神的に独立すること
5	経済的独立について自信をもつこと
6	職業を選択し，その準備となる学習をすること
7	結婚や家庭生活の準備をすること
8	市民として必要な知識と態度を身につけること
9	社会人としての常識や責任ある態度を身につけること
10	自分の行動を導く価値観・倫理観をもつこと

自己形成の課題

①青年期の自己形成

- →ありのままの自分を認め受け入れてくれる関係性と，何かを成しとげることで承認される関係性の両方が必要。
- →人間関係の場をとおして，自己の個性への肯定感を築き上げていく。
- ▶**自己の多元化**…多様化した社会的場面に適した振る舞いを使い分けることで，自己の姿は単一で一貫したものから複数の姿をもつようになる。
- ▶**他人指向型**…社会学者リースマンが，消費社会における人間の社会的性格について表現したことば。身近な他者やメディアを通じて知る他者の意向に敏感になり，それに自分をあわせていこうとするもの。
- ▶時代や社会によって異なる青年期の特徴…文化人類学者ミードは1920年代にサモア島を調査したが，そこでは，子どもの世界と大人の世界とが区別されておらず，青年期に特徴的な行動がみられなかった。
    - →現代の青年にとって自己形成・アイデンティティの確立はかつてとは異なる意味をもっている。

2 自己形成と社会への参画

現代社会を生きる

①青年期の位置づけ…一人前の大人になるための準備期間。

▶**心理・社会的モラトリアム**…エリクソンが表現した，大人としての責任を一時的に猶予される状態。

▶現代においてはグローバル化や産業の成熟化が進み，社会人となったあとも生涯にわたる多様な学びを求められている。
　→学校から仕事への**移行（トランジション）**が困難に。

▶移行（トランジション）…学校から仕事への移行。日本では新規学卒者がそのまま正規雇用の職を得ることが多く，欧米諸国では逆にあまりみられないことから，学校教育修了から仕事への間断ない移行は日本社会の特徴とされてきた。しかし，若年層の就職難や「フリーター」，「ニート」の増加など社会情勢の変化によって，さまざまな移行の困難が指摘されるようになった。

②価値観の多様化

▶現代社会では，人生の選択を自分自身の価値基準で行う自己決定と，その選択をふり返り，評価して責任を負う自己責任が原則となる→**個人化**。

▶**リキッド・モダニティ**…現代社会の特徴。「リキッド」は液体，「モダニティ」は「近代性」。近代社会において当たり前とされていたことが流動化・液状化していく様をさす。社会学者バウマンのことば。

👤バウマン…ポーランド出身の社会学者。ポストモダン社会の考察を行った。

キャリアの開発

①**キャリア**…「轍（車輪の通った跡）」。転じて職業上の経歴を指すようにもなった。
　→単なる職務経歴だけではなく，余暇や趣味，家庭生活や地域活動などもすべて含んだ個人の生き方の履歴がその人のキャリアとなる。

▶**キャリア開発**…自分自身の**ライフサイクル**に応じて，他者・社会とかかわりながら自分の**生きがい**をつくりあげていくこと。
　→そのためには，その基準となる自分の価値観，人生観を形成することが大切。

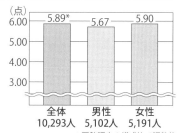
A：「総合主観満足度」に関する調査結果
＊国勢調査の構成比で調整後
「現在の生活にどの程度満足しているか」を0~10点で評価した平均値

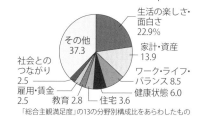
B：分野別の「総合主観満足度」
「総合主観満足度」の13の分野別構成比をあらわしたもの

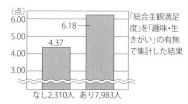
C：「趣味・生きがい」の有無別「総合主観満足度」
「総合主観満足度」を「趣味・生きがい」の有無で集計した結果
A~C：内閣府「満足度・生活の質に関する調査(2019年)」

→自分にとっての幸福な人生のあり方を，自分が充足感を感じる場面や自分があこがれる大人はどんな信念をもっているかなどを考えながら模索していくことが大切。

▶ライフサイクル…「人生の周期」のこと。一生涯を誕生・入学・就職・結婚などの人生の転機によって区分したもの。

◐ライフ・キャリア・レインボー

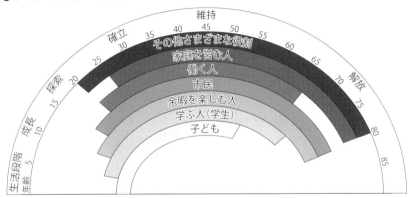

👤**スーパー**…アメリカの心理学者。キャリアを①人生の時間軸（成長→探索→確立→維持→解放）と②役割（子ども，市民など）の2次元でとらえた。

人間関係の形成と社会への参画

①**ライフ・ロール（役割）**…キャリア形成の場において人がになっている役割。

→役割は他者からみた自己の一つの側面。

→役割は人間関係の形成や社会とのかかわりとともに生じる。

→他者や社会から与えられる役割だけでなく，自ら進んで人間関係をつくり，社会とかかわっていく行動によってより充実した自己形成をもたらす。

→ボランティア活動やソーシャルビジネスはそのような自己形成のあらわれ。

→自らの意志で社会に参画し，社会を形成しようとする態度や資質のことを**シティズンシップ**（市民性）という。

→キャリア形成においては，職業人としての役割，私生活上の役割に加えて，このような市民としての役割も視野に入れる。

▶**ボランティア**…自己の意志で，報酬や見返りなどを求めずに社会奉仕活動をすること。

▶ボランティア元年…1995年のこと。1995年は阪神・淡路大震災の起こった年であり，このとき以降，災害ボランティアが一般化したことからこう呼ばれる。

▶**ソーシャルビジネス**…貧困，環境問題などの社会問題の解決に取り組むことを目的として行われるビジネスのこと。

(2)　社会的な関係のなかで生きる人間 ➡ 教 p.14〜21

1 個人として尊重される人間

「個人」はさびしい？

①夏目漱石の「個人」…「さびしい」もの。

> ▶夏目漱石のいう「個人」とは，立場が上の人に従ったり，周囲に同調したりするのではなく，自分の頭（理性）で考えて自らが正しいと思う行動をとる人のことである。

> ▶「個人」には，ときに孤立するさびしさと向き合う勇気を備える必要がある。

> →「ほかの存在を尊敬すると同時に自分の存在を尊敬する」こと。

> 個人主義は人を目標として向背を決する（①）前に，まず理非を明らめて（②），去就を定める（③）のだから，ある場合にはたった一人ぼっちになって，淋しい心持がするのです。それはそのはずです。槇雑木でも束になっていれば心丈夫ですから。
> ①…ほかの人を頼りに態度を決めること。
> ②…物事の是非を自分ではっきりさせること。
> ③…自分の態度を決めること。
> （夏目漱石『私の個人主義』より）

🐾夏目漱石…日本の小説家。明治末期から大正初期にかけて活躍した。近代という時代を生きる人の内面を描き，近代日本文学の代表的作家に数えられる。主著は『吾輩は猫である』，『三四郎』，『それから』，『門』，『こゝろ』，『道草』，『明暗』など。『私の個人主義』は1914年に行われた講演の記録であり，その一部を上に掲げた。

規則と自由

①規則の必要性

> ▶人間は規則ばかりの世界も，逆に全く規則のない世界も不自由に感じる。
> →人間が社会のなかで自由に生きるためには，適切な規則が必要となる。

道徳法則と人格の尊重

①**仮言命法**と**定言命法**…ともに**カント**が唱えた，私たちの道徳的体験の区別。

> ▶仮言命法…「AしたいならBせよ」という条件つきの命令のこと。

> ▶定言命法…無条件の**義務**として自分が決める「Bせよ」という命令のこと。

②**道徳法則**…理性によって構築された普遍的な道徳のこと。

> ▶カントによれば，道徳法則は定言命法をとる。
> →自分が決めた普遍的な義務に従うという態度が人間の自由であり，**自律的な人格**こそが尊厳ある存在である。

> ▶カントは，尊厳ある自律的な人格として，たがいの人格が尊重されるべきであると説いた。

> **カントのことば**
> 「君は，君の行動原理が同時に普遍的な法則となることを欲することができるような行動原理だけに従って行為せよ」
> （カント『道徳形而上学の基礎づけ』）

🐾**カント**…ドイツの哲学者。理性に注目して啓蒙思想を展開した。主著は『純粋理性批判』，『実践理性批判』，『判断力批判』，『永久平和のために』など。

③<u>自律としての自由</u>…自律(autonomy)とは，自分の理性が課すルールにもとづいて自分自身を律すること。
- ▶カントによれば，意志が自律していれば，その時々の欲望や他者の命令に左右される(＝他律)ことはなく，真の自由となる。
  - →カントは意志の自律こそが人間の尊厳の根拠であるとし，その上で，**人格**とは理性が命じる道徳法則に従って自律的に行為する主体とした。

個性や自発性の尊重

①個性や自発性
- ▶**J.S.ミル**は，何を**幸福**とするかを本人が決める自由を尊重すべきと考えた。
  - →他者に対する危害とならないかぎりは，本人以外がこれを判断すると，本人から**個性**や自発性を育む**自由**を奪い，だれにとっても利益にならない。

♟**J.S.ミル**…功利主義を提唱したイギリスの哲学者。主著は『自由論』，『功利主義』。

②<u>危害原理(他者危害原理)</u>…J.S.ミルによる，「他者への危害を防ぐ」ことは，個人の行動の自由を制約する唯一の根拠であるという主張。
- ▶愚行権…いくら愚かに見える行動であったとしても，他者に危害を与えないのならば尊重されるべきとする権利。

子どもの「自由」が制約されるのはなぜ？

①子どもに対する制約
- ▶J.S.ミルによれば，この社会には他者に危害を加えないかぎり，当人の好きなことをしてよいという。
  - →しかし，子どもは，校則などで「他者に危害を加えない」以上の制約を課されている。

②<u>自由の前提</u>
- ▶自由は，人として自分一人で考えて，自分の生き方などを正しく決められる存在であることが前提とされる。
  - →その能力が子どもに備わるまでは，大人が適切な範囲で介入し，導く必要があるという考え方がある(パターナリズム)。
  - →人間の存在，子どもの位置づけにおける人間観が問われる。
- ▶パターナリズム(paternalism)…父権主義。立場の強い者が立場の弱い者の利益のためであるとして，本人の意志にかかわらず介入・干渉すること。

2 社会的な存在としての人間

現代社会の公共空間とは？

① 考えたことを自由に発言する公共空間…古代ギリシャのポリスにおけるアゴラ（広場），

17~18世紀のヨーロッパにおけるコーヒーハウスなど。 ⬇古代ギリシャのアゴラ

▶ アゴラ（広場）…町の中心にある広場。政治や学問について議論を交わす場であった。

▶ コーヒーハウス…コーヒーがヨーロッパにもたらされたことにより，17世紀に誕生した喫茶店。

→特にイギリスでは市民が時事問題について議論し，世論を形成する場となった。

⬇18世紀のコーヒーハウス

→ハーバーマスはこの文化を公共空間のさきがけの一つとした。

② 現代の公共空間…SNS上で生まれる「対話」のとらえ方が課題となる。

公共空間とは

① 公共空間と共同体

▶ 公共空間…人々の自由な活動によって成立する開かれた空間。

→意見がほかの人の目にさらされる。＝身内以外の視線にさらされる。

▶ 共同体…伝統的な価値を共有する閉鎖的な集団。

「活動」と「コミュニケーション的理性」

① 「活動」…ことばを通して人間相互が関わり合うこと。

▶ 公共空間の形成…活動は，自分と異なる人間と語り合い，さまざまな見方を学びながら自分というものをことばや行為によって表現し合う。

→たがいを刺激し，さらなる活動を誘発し，人間の存在に意味を与える。

▶ 人間の行為の分類…アーレントは人間の行為を先述した「活動」，「労働」，「仕事」の3つに分類した。

• 「労働」…食糧など生命維持に必要な消費財を生産すること。

• 「仕事」…芸術作品や道具など，耐久性のある人工物を作製すること。

👤 アーレント…ドイツに生まれ，ナチス時代に亡命し，その後アメリカで活躍したユダヤ系の哲学者・思想家。主著は『全体主義の起源』，『人間の条件』。

② 「コミュニケーション的理性」…「理性」とは，自分にとって都合よく対象を操作して利益を得る（道具的理性）だけでなく，人間同士たがいによく理解しあうことを可能にする能力。

→コミュニケーション的理性を自由に，主体的に発揮することで討議デモクラシー（熟議民主主義）が可能（ハーバーマス）。

▶ 討議デモクラシー…価値観が異なる人々の合意形成を協働して模索すること。

👤 ハーバーマス…フランクフルト学派のドイツの哲学者・社会学者。主著は『公共性の構造転換』，『コミュニケーション的行為の理論』。

「公共」ということば

▶代表的な意味あい
- 国家や政府にかかわること
- 特定の人たちではなく広くみんなにかかわること
- だれに対しても開かれていること

なぜ「話しあい」が大切なのか？

①アーレントの考え
▶人々が異なる視点や考え方で，自分らしさを表現して他者に認められることが大切。

②ハーバーマスの考え
▶理性的なコミュニケーションをとおして合意形成を行うことで，価値観・利害が異なる人々がそれぞれにとってよりよい結論を導くことができる。

「間柄」と倫理

①「間柄」…和辻哲郎が表現した，家族や共同体など人との関係性を指す。
▶和辻哲郎は，倫理を個人の意識の問題ではなく，人と人との関係性における問題としてとらえることが重要であるとした。
　→倫理を個人の問題ととらえる西洋哲学を批判。

🧍和辻哲郎…日本の倫理学者。ドイツ留学後，西洋思想を批判的に受容して，独自の倫理学を形成した。日本文化の歴史にも詳しく，日本思想史の研究も行った。主著は『倫理学』，『風土』，『古寺巡礼』。

②和辻哲郎の考える「倫理」…人間は共同体の構成員としての意識をほかの構成員とともに共有する運動のなかにあるが，その運動を持続させる理法のこと。
▶この運動が停滞すると，自己中心的な個人や個人を踏みにじる全体主義が誕生する。
▶「倫理」の「倫」は「なかま」を意味する。

③信頼…人が人に対して信じてたよりにすること。
▶和辻哲郎は信頼を人間関係と一体のものとしてとらえ，倫理の根本にあるとした。
　→信頼に応えようとする行為のつらなりから規範が生じる。
　→しかし，規範としての倫理は硬直化するため，人間関係の変化のなかで，たえず壊され，更新され，創造され続けるものである。

3 伝統・文化のなかの人間

日本に「社会」はなかった？

①society…それぞれが独立した「個人」を単位とする，個々の人間の結びつきを表す西洋語。
- ▶日本には「society」に対応する概念や現実がなかった。
  - →日本では人は独立した「個人」というより，具体的な人間関係のなかで，身分や役割を基盤として存在するものとされていた。
  - →「世間」ということばに，日本人の伝統的な人間観・倫理観が表現されている。

「おのずから」の働きと誠実さ

①「つぎつぎに・なりゆく・いきおい」…丸山真男による日本人の歴史意識の特徴。『古事記』や『日本書紀』にみられるように，あらゆるものは人間が意識的につくるものではなく，次々と「おのずからなりゆくもの」であるとする考え方。
- ▶「おのずから」…『古事記』などにみられる，天地万物の生成はそれ自体が内包する勢い・力によってなされるとする考え方。

👤丸山真男…日本の政治・思想史学者。戦後民主主義の擁護者として知られる。主著は『日本政治思想史研究』，『現代政治の思想と行動』，『日本の思想』。
- ▶丸山真男が読み取った世界の創世神話の発想
  - ●「つくる」…創造神が，世界を無の状態から創造すること。
  - ●「うむ」…男女の交わりのような営みによって世界がうみだされること。
  - ●「なる」…さまざまな事物が自然と生成されること。

②心情の純粋さ
- ▶日本人は自然ないきおいと一体化するために心情の純粋さを重視してきた。
  - →「清き明き心」「正直」「誠」の心で接することと，「はらい」，「みそぎ」による「けがれ」の除去を行えば，「おのずから」の働きによって物事がうまくいく。
- ▶「清き明き心」…自然のような清らかな心。神に対して偽ることなく，純粋な心。古代日本人が理想とした精神で，のちに人に対する誠実な心という意味でも使われるようになった。
- ▶「正直」…正しくまっすぐな様。
- ▶「みそぎ」「はらい」…「みそぎ」は神聖な水につかって心身を清めること。「はらい」は形代などを使用して自らの罪やけがれを払い去ること。どちらも自らの「けがれ」を除去する方法。
- ▶「けがれ」…病気・天災・死などの厄災を引き起こすもの。

③「無責任の体系」…丸山真男が軍国主義を台頭させた戦前日本のファシズム体制を批判したことば。日本人がもつ「おのずから」と一体化していこうとする態度によって，誰も責任をとらず，なりゆきまかせになってしまうという弊害のこと。

神話にみる日本人の世界観

①『聖書』…ユダヤ教・キリスト教の聖典。唯一の創造神が6日間で空と大地，海，太陽，植物，動物，人間をつくったとされている。

②『古事記』…712年に成立した，古代の神話を記した書物。世界の始まりは，春に植物が芽をふくように，神々がつぎつぎと生まれていく様子で描かれている。

　　→ヨーロッパと異なり，特別な存在の原因や意思を介在することなく，自然の生命力がその内包する力によって世界を生成しているという発想。

「公」と「私」

①伝統的な「公」と「私」

▶「公」…**おほやけ**。もともとは「大きな家（宅＝やけ）」であり，江戸時代までの史料には朝廷や天皇のことを指す用例がみられる。

▶「私」…**わたくし**。この「わたくし」は「おほやけ」のなかに含まれ，おおらかな情愛によって包みこまれる存在とされた。

　　→つまり，「おほやけ」は「お上（かみ）」に近く，下から見上げて敬愛を表すべきもの。

▶「奉公」…下の者が上の者に仕え，働き，尽くすこと。江戸時代においては主君に仕える武士のほかに，商人などの家に仕えて働く者も「奉公人」と呼ばれた。

⊙江戸時代の「おほやけ」のイメージ

②近代における「公」「私」

▶「**パブリック**（公的）」…「**プライベート**（私的）」の対義語。日本語の「おほやけ」が「わたくし」を包含（ほうがん）しているのに対して，「パブリック（公的）」は「人目にさらされる」，「公開される」という面を強調している。

　　→「活動」（アーレント：ことばや行為を通してたがいの違いを表現しあいともに行動すること）はこのような公的＝パブリックな空間を前提にしたことば。

グローバル化のなかの伝統と文化

①「**自己内対話**」…自分と異なる考え方や，自分の嫌いな考え方の立場に立ち，自分と対話することを通じて自己形成していくことを丸山真男が表したことば。

　　→グローバル化した社会においては自分とは異なる考え方や価値観をもった人とどう関わっていくかが問われている。

　　→「自己内対話」を実践することで，課題を解決していく姿勢が求められる。

「空気」による支配の功罪

①日本のさまざまな事象…「場の空気」によって決まる。

▶「空気」とは，普遍的な道徳規範でも，明示的な多数決でもない。

　　→その場の構成員がたがいにその場の「みんな」の意向を察知して，自分をあわせていくもの。「空気を読む」とは世間を生きるための処世術（しょせいじゅつ）ともいえるが，自分の意見を素直に言えないという弊害もある。

アプローチ　現代の世界と宗教　教 p.20~21

1　宗教とは何か

①アニミズム…さまざまな自然物に精霊が宿るとする宗教の原初形態。

→語源はラテン語の"anima"(生命，魂)。

→やがて特定の神々や信仰の体系が民族・国家などの共同体の原理になる(宗教)。

2　日本の宗教

①神仏習合(しんぶつしゅうごう)…日本古来の神祇(じんぎ)信仰と仏教信仰の融合のこと。

②檀家制度…人民をいずれかの寺院に所属させ，寺院はその人が切支丹(キリシタン)など幕府に禁止された宗教の信者ではないことを証明し，身分証を発行するとされた制度のこと。

→神道(しんとう)と仏教は多くの国民にとって身近な存在となった。

3　仏教

①仏教…古代インドで生まれた，ゴータマ・シッダッタ(ゴータマ・ブッダ)を開祖とする宗教。人生をすべて苦しみであるととらえ(一切皆苦(いっさいかいく))，それは物事(ものごと)がたがいにつながりあって常に変化している(縁起(えんぎ)の法(ほう))からという教え。そこから脱して安らかな境地(涅槃寂静(ねはんじゃくじょう))にいたるための正しい修行法(八正道(はっしょうどう))も説く。

• 部派(ぶは)仏教…初期のブッダの教えを重んじるスリランカやタイなどに多い宗派。

• 大乗仏教…仏教のなかでも，慈悲(じひ)を重視して人々を救おうとする立場。「大乗」とは「大きな乗り物」を意味する。中国・朝鮮を経て日本に伝わった仏教は大乗仏教である。

4　キリスト教・イスラーム

①ユダヤ教…唯一神(ゆいいつ)への信仰を特徴とする，キリスト教・イスラーム(イスラム教)のルーツとなった宗教。

②キリスト教…イエスが説く無差別・無償(むしょう)の神の愛(アガペー)に救世主(キリスト)の到来をみた人々によってつくり上げられた宗教。

• カトリック…ローマ教皇を中心とする，信者数最大の教派。

• 東方正教会…ローマ帝国の東西分裂後にコンスタンチノープル総主教を中心に成立した正教会。

• プロテスタント諸教派…ルター，カルヴァンの宗教改革などによって分離した多くの教派のこと。

③イスラーム…メッカの商人ムハンマドが受けた神からの啓示にもとづく教え。聖典は『クルアーン(コーラン)』という。

→ムハンマドの後継者争いからスンナ派(約9割)とシーア派(イランに多い)に分裂。

5　現代社会と宗教

①宗教的対立…宗教は人間の不安をやわらげることもあるが，対立の要因にもなる。

→信仰の自由を認め合い，たがいに尊重することが大切。

☑ 重要用語チェック！❶

(1)	青年期において子どもと大人という二つの異なる集団の狭間にあり，行動や情緒が不安定な人のこと。境界人ともいう。
(2)	自分自身の在り方について，「これこそが自分なのだ」という自分らしさについての確信のこと。
(3)	将来の自立を見すえて大人としての責任を一時的に猶予される青年期の状態。
(4)	かつて「あたりまえ，ふつう」とされた社会のしくみや人生のモデルが流動化（液状化）していく様。
(5)	誕生・入学・就職・結婚など生涯をいくつかの節目で区分した「人生の周期」。
(6)	無条件の義務としての命令。いつでもどこでも人間に普遍的にあてはまる，カントの道徳法則の形式。
(7)	個人の行動の自由を制約する唯一の根拠は「他者への危害を防ぐため」である，とする原理。
(8)	アーレントが人間の行為を三つにわけたうちの一つで，人と人とが相互に関わることを意味する実践のこと。これによって公共空間が形成される。
(9)	ハーバーマスが唱えた，たがいによりよく了解し合うことを可能にする能力としての「理性」のあり方。
(10)	和辻哲郎が唱えた人と人との関係のこと。
(11)	丸山真男が軍国主義を台頭させた戦前日本のファシズム体制を批判する際に用いたことば。「おのずから」の働きと一体化していこうとする態度のせいで誰も責任をとらない，なりゆきまかせとなってしまう事態のこと。
(12)	丸山真男の説いた，自分と異なる考え方や，自分の嫌いな考え方の立場に立って，自分と対話することを通じて自己形成していくあり方。
(13)	キリスト教における，無差別・無償の神の愛のこと。
(14)	仏教における，苦しみから脱却した心安らかな境地のこと。
(15)	イスラームにおける，神アッラーの啓示を受けたメッカの商人。

［解答→p.165］

演習問題 ❶

1 次の問いに答えよ。
(1) 人間の生涯にわたる発達のなかで，子どもから大人への過渡期にあたる時期を何というか答えよ。　　　　　（　　　　　　　）
(2) (1)の特徴を「第二の誕生」と表現したのはだれか答えよ。　（　　　　　　　）

2 次の文中の①~③にあてはまる語句を答えよ。

	提唱者	概要
疾風怒濤の時代	（①　　　　　）	おさえがたい激情にかられ，不安と動揺を経験する様。
マージナル・マン（境界人）	（②　　　　　）	子どもと大人という二つの異なる集団の狭間にあり，行動や情緒が不安定な人。
（③　　　　　）	ホリングワース	精神的な面で親からの分離・独立を求める。

3 次の問いに答えよ。
(1) 自らの意志で自発的に行う，災害救援活動などの奉仕活動のことを何というかカタカナで答えよ。　　　　　　（　　　　　　　）
(2) 貧困や環境問題，町おこしなどの社会問題解決をねらいとしたビジネスのことを何というか答えよ。　　　　　（　　　　　　　）

4 次の文中の①~③にあてはまる語句を答えよ。
（①　　　　　）は職業上の経歴をさす語として使われることもあるが，もともとの語源は「轍（車輪のとおった跡）」である。したがって，（①）開発とは，人生の周期を意味する（②　　　　　）をふまえ，他者や社会とのかかわりのなかで（③　　　　　）をつくりあげていくことである。

5 次の文中の①~③にあてはまる語句を答えよ。
（①　　　　　）は，私たちは「XしたいならYせよ」という条件つき命令である（②　　　　　）と，無条件の義務として自分が決めるから「Yせよ」という（③　　　　　）を区別しているとし，真の道徳法則は（③）の形式をとるとした。

6 次の問いに答えよ。
(1) 個人の行動の自由を制約する唯一の根拠は「他者への危害を防ぐため」である，という原理を何というか答えよ。　（　　　　　　　）
(2) イギリスの哲学者で，他者に対する危害とならない限りは，個人が幸福とみなすべきものを本人が決める自由を尊重するべきとした人物はだれか答えよ。
（　　　　　　　）

7 次の文中の①~③にあてはまる語句を答えよ。

　　ドイツで生まれ，アメリカで活躍したユダヤ系哲学者の(①　　　　　　　　)は，人間の行為を労働，仕事，(②　　　　　　　　)の三つに分けた。そして，特に(②)とは，ことばをとおして人と人とが相互にかかわることであり，これこそが(③　　　　　　　)空間を形成するものであるとした。

8 次の問いに答えよ。

(1)　ハーバーマスが唱えた，たがいによりよく了解し合うことを可能にする能力としての「理性」のあり方を何というか答えよ。　　　　　　　　　(　　　　　　　)

(2)　(1)を自由かつ主体的に発揮し，利害や価値観の異なる人々がたがいに納得して受け入れることのできる合意形成を協働して探し続けることを何というか答えよ。

　　　　　　　　　　　　　　　　　　　　　　　　　　　　　(　　　　　　　)

9 次の問いに答えよ。

(1)　人と人との関係を「間柄」ということばで表現した，日本の倫理学者はだれか答えよ。　　　　　　　　　　　　　　　　　　　　　　　　(　　　　　　　)

(2)　(1)が，人間関係と一体のものととらえ，倫理の根本においたのは何か答えよ。

　　　　　　　　　　　　　　　　　　　　　　　　　　　　　(　　　　　　　)

10 次の文中の①・②にあてはまる語句を答えよ。

　　『古事記』，『日本書紀』以来，日本人はあらゆるものが，つぎつぎと「おのずからなりゆくもの」であると考えてきたと説明したのは日本の政治学者・思想史家，(①　　　　　　)である。彼はさらに，この働きと一体化していこうとする態度のせいで誰も責任をとらず，なりゆきまかせとなってしまう事態のことを「(②　　　　　　)の体系」とよび，特に日本の軍国主義と絡めてこれを批判した。

11 次の文中の①~④にあてはまる語句を答えよ。

　　「公」は「(①　　　　　　)」，「私」は「(②　　　　　　)」とも読める。(①)のなかに(②)が入っていて，下から見上げる大きな家のようなものであると伝統的に受けとめられてきた。

　　しかし，近代化とともに流入した「(③　　　　　　)(公的)」，「(④　　　　　)(私的)」は大きく意味が異なっていた。(③)は(④)の対義語であり，「公開され，人目にさらされる」という点が強調された。

12 次の問いに答えよ。

(1)　仏教における，安らかな境地(涅槃寂静)にいたるための，中道に立つ正しい修行方法を何というか答えよ。　　　　　　　　　　　　　　(　　　　　　　)

(2)　メッカの商人ムハンマドが受けた神アッラーの啓示がイスラームの聖典である。この聖典を何というか答えよ。　　　　　　　　　　　　(　　　　　　　)

[解答→p.165]

第2章 公共的な空間における人間としての在り方生き方—共に生きるための倫理

1 功利主義と幸福の原理

理由の相違から見えてくること

①同一行為に対する理由の相違…「貧困者の援助を支持する理由」
- ▶「社会全体の幸福を増やすことになるから」…目的論
  - →行為のめざす目的によって行為の正しさを判断している。
- ▶「それ自体が義務だから」…義務論
  - →それ自体で正しい(不正な)行為がある。

功利主義

①目的論…「正しさ」は，その行為などがめざす目的によって正当化されるという考え。
  →目的論はさらに帰結主義や徳倫理学などに分かれる。
②帰結主義…行為の正しさはその行為から結果(=帰結)として生じる善さや幸福(欲求の実現や苦痛のない状態)によって決まるという考え方。
  →帰結主義の代表が，ベンサムの打ち立てた功利主義。
③功利主義…正しい行為とは，善さや幸福を最大化するものであるというもの。
- ▶最大多数の最大幸福…ベンサムによる，できるだけ多くの人々にできるだけ多くの善さ・幸福をもたらすのが最善の行為であるという考え。
  - →このような行為の動機づけのためには，法など外的強制力=制裁(サンクション)を用いて人々に賞罰を科す必要性があるとした。
- ▶制裁(サンクション)…次の4種類がある。

自然的制裁	自分の不注意が原因で自然から受けるもの。
法律的(政治的)制裁	法制度などによって罰せられるもの。ベンサムはこれが最も重要であると考えた。
道徳的制裁	世間の人々から非難されるなど，社会的なもの。
宗教的制裁	神による罰のこと。

■ベンサム…イギリスの哲学者で，功利主義を打ち立てた。主著は『道徳および立法の諸原理序説』。
④J.S.ミルの考え…快楽には質的な違いがあり，精神的な快楽が重要である。
  →人間らしくあるためには，多様な意見をもつ人々が自由に議論できるようにすべき。たがいの個性を発展させることで「良心の責め」=内部強制力の経験を生む。
  →その経験が，社会全体の利益となる。
■J.S.ミル…イギリスの政治哲学者。主著は『自由論』，『功利主義』。

徳倫理学

①徳倫理学…義務や行為の帰結を問題とする倫理学とは異なり，徳や性格を問題とする倫理学のこと。
  →人間にとっての善さや幸福とは苦痛のない状態や欲求実現などの結果ではなく，人間として力を発揮した優れた生き方をすること=徳をもつことを強調。

②徳
- ▶**知性的徳**…知恵や思慮のこと。
- ▶**倫理的徳**…勇気や誇り，節制などの習性的徳のこと。
  - →倫理的徳は知性的徳によって示され，習慣を通じて身につく。
  - →過多と過少を避ける**中庸**（ちゅうよう）＝状況にふさわしいあり方が理想。

▲**アリストテレス**…古代ギリシャの哲学者。プラトンの弟子であり，「万学の祖」の異名をもつ。主著は『形而上学』（けいじじょうがく）『ニコマコス倫理学』。

③目的論（帰結主義・徳倫理学）の共通点…「正しさ」を正当化する目的＝善さや幸福があるということ。
  - →帰結主義は行為の善さを問題とするが，徳倫理学は行為する人間の生き方の善さ（徳）に注目する。

④アリストテレスの正義論
- ▶**正義**…正しいことを行うこと，またはそれを望んでいること（アリストテレス）。
  - →正義は「全体的な正義」と「部分的な正義」に分類される。
- ▶「**全体的な正義**」…共同体全体に幸福をもたらす正義のこと。合法であるかどうかが基準となる。
  - →(例)民主主義国家では国法は民主的につくられる→それに従うことが正義。
- ▶「**部分的正義**」…「公正」を意味する正義で次の二つに分類される。
  - ●「**配分的正義**」…価値に応じて配分されるという正義。例)働きに応じて賃金が支払われる。
  - ●「**調整的正義**」…相互交渉において過不足が調整されるという正義。例)商取引が適正に行われる。

◆ 目的論と義務論

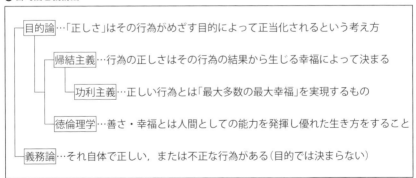

- 目的論…「正しさ」はその行為がめざす目的によって正当化されるという考え方
  - 帰結主義…行為の正しさはその行為の結果から生じる幸福によって決まる
    - 功利主義…正しい行為とは「最大多数の最大幸福」を実現するもの
  - 徳倫理学…善さ・幸福とは人間としての能力を発揮し優れた生き方をすること
- 義務論…それ自体で正しい，または不正な行為がある(目的では決まらない)

2 義務論と公正の原理

義務論

①**義務論**…行為の結果とは無関係に，それ自体で正しい行為をする義務があるという考え方。

　⇔帰結主義…行為の正しさは，行為の結果（帰結）の正しさによって決まるという立場。

　⇔功利主義…行為の正しさは，幸福を増大させるとして，行為がめざす結果によって正しさが決まるという立場。

> **カントのことば**
> あなたの人格およびあらゆるほかの者の人格における人間性を，つねに同時に目的として取り扱い，決して単に手段としてのみ取り扱わないように行為せよ。
> （カント『道徳形而上学の基礎づけ』）

▶例えば，人は食品や日用品など，よい商品を安く買うと得した気分になる。

　→その満足のために，生産者や流通業者が過酷な労働環境に置かれていたとしたら，消費者の幸福追求のために一部の人を犠牲にすることになる。

▶義務…カントは，行為する人自身が，だれもが守らなければならない道徳法則として自ら設定し，自ら守る（＝**自律**）ことだと考えた。

　→その義務は，道徳法則を守るという**動機**のみから遂行される。

▶自律的な人格…自ら普遍的な道徳法則を設定し，それを遂行する自由をもつ人格。

　→人は自律的な人格であることから，おたがいを幸福追求の手段としてのみ扱うことなく尊重し合うべき。

▶カントの義務論の特徴…幸福追求と義務論を峻別したこと。

▶適法性と道徳性

　•適法性…行為が外形的に（見た目上），道徳法則に合致している状態。

　•道徳性…自ら定めた道徳法則を尊重する純粋な動機をともなっている状態。

②**目的の国**…カントが，誰もがたがいの人格を単なる手段としてではなく，目的として尊重しあう社会のことを示したことば。

公正としての正義

①**功利主義への批判**…功利主義が説く幸福追求を正しさの指針とみなす場合，全体の幸福のためには一部への不公正を許容するという結論になる可能性。

②**公正としての正義**…すべての参加者がたがいに公正と感じられるルールの範囲内で生活する際にあらわれる正義。**ロールズ**の考え。

▶参加者は自分についての個別的な事情（境遇・地位・能力など）について何も知らず（「**無知のヴェール**」），社会についての一般的な知識のみを有している状態（原初状態）を想定。そのうえで，合理的な話し合いによって適正なルールを定めていく。

　→この協働実践への参加で，最も不利な立場にある人が生き残るための配分を考えることが可能となる。

ロールズ…アメリカの政治哲学者。社会契約説の発想をもとに正義論を展開。市民は，その自由をつねに平等に保証されるべきで，そのうえで社会的な不平等は最も不利な状況にある人に配慮し，公正な機会均等を実現できるよう是正されるべきであると考えた。主著は『正義論』，『政治的リベラリズム』。

ロールズのことば

　自分が金持ちだと知った人は，福祉政策のために課せられる種々の税金が正義に反すると
の原理をもちだすのが合理的だと考えるかもしれないし，貧乏だと知った人は，十中
八九それと正反対の原理を提案するだろう。望ましい制約条件を描きだすために，すべて
の関係者がこの種の情報を奪われている状態を想像してみる。そうすると，人々を衝突さ
せ各自の偏見に操られるのを許容する，種々の偶発性に関する知識が閉めだされる。この
ようにして，無理のない理路を通じて〈無知のヴェール〉にたどり着く。

(ロールズ『正義論』)

対立を解く鍵

①対立を解く鍵

- ▶自分とは異質な考え方をもつ他者との対話によって自分の考えの一面性に気づかさ
  れる。
  - →対立する考え方(目的論⇔義務論，功利主義⇔「公正としての正義」など)について，
    それぞれの言い分に耳を傾ける。

〈アクティブ公民〉「臓器くじ」あなたの意見は？

- ▶一人の健康な人から複数の臓器を摘出して複数の人を救えるとすると，それが正しい
  といえるか？しかもそれがコンピューターによってランダムに選ばれるとしたらどう
  か？
  - ● 正しいという立場…どの命にも等しく価値がある。
    - → 一人より複数の命が救われる方が，その方が価値は高いといえる。
  - ● 正しくないという立場…どの命も「かけがえのない」価値をもっている。
    - → 本人の意思に反してその価値を奪うことはできない。

活用　生命倫理について考える ➡ 教 p.26〜27

[追究] 生命にかかわる科学・技術の倫理的課題とは何か？

①つかむ：エンハンスメント技術の進展と普及

❹エンハンスメントの考え方

- ▶エンハンスメント(enhancement)…医学・生命
  科学による技術的介入によって，人間の能力・
  性質を改良したり強化したりすること。
  - →身体的機能だけでなく，知性や感情などの内
    面もその対象となる。
  - →現在，外科手術や薬物投与が行われているが，
    将来的には遺伝子操作も可能となる。

(馬渕浩二『倫理空間への問い』をもとに作成)

②考える：エンハンスメントはどこまで認められるのか？

- ▶功利主義の視点①…エンハンスメントは個人の幸福を増大させるか？
  - →身体の改造などによって病気や老化を防止することになるので，個人の苦痛を減
    らすという目的によって正当化される。

▶功利主義の視点②…エンハンスメントは社会全体の幸福を増大させるか？
　→犯罪など反社会的目的のために悪用されれば多数の人に苦痛や危害を与えることになる。また，エンハンスメントがあたりまえになると，弱者への共感が失われ，連帯や助けあいの精神が減退する可能性もある。
　→その帰結には慎重であるべき。
▶義務論の視点①…エンハンスメントは人間のあるべき姿を失わせるか？
　→むやみな人間改造は人を際限のない欲望の奴隷にし，人間の心身は欲求充足の手段となり，それはあるべき人間の姿ではない。
　→共通の人間らしさが失われると社会をつくる普遍的な規範がないがしろにされる。
▶義務論の視点②…エンハンスメントは人間の自律的な生き方を妨げるか？
　→親による子どもの遺伝子操作など，本人の意思に反してその資質が決められてしまう可能性がある。
　→本人の意志や努力と無関係なところで他者からの評価にさらされる。
　→努力の意味をそこなうと同時に，自律的な人格形成を妨げることになる。
③深める：生命倫理の観点をふまえた選択・判断のために
　▶功利主義の視点のまとめ
　　→エンハンスメントが結果的に人々の幸福を増大させるか否かが重要になる。
　▶義務論の視点のまとめ
　　→エンハンスメントが「人格」としての人間のあり方をそこなうのかどうかが重要になる。
　▶上記以外のさまざまな視点を用いて考える場合，意見の根拠となる倫理的な価値に目を向けて，選択・判断していく必要がある。

活用　環境倫理について考える ➡ 教 p.28~29

追究 環境にかかわる倫理的課題とは何か？

①つかむ：環境思想と環境倫理

⬇山を貫いて建設された高速道路

　▶功利主義にもとづく考え方…開発によってもたらされる生活や社会へのプラスの効果と，自然破壊などのマイナスの影響の双方を考慮し，結果として効用が最大となるように調整する。
　　→開発によって自然は部分的に失われるが，最終的には効用の最大化という観点からその開発行為は正当化される。
　▶義務論にもとづく考え方…開発は必ず生態系の破壊をもたらし，それを人間生活における利便性の向上などから肯定することはできない。しかもその便益はすべての人に平等におよぶことはないのであるから，公正であるともいえない。
　　→生態系の保全は義務であり，自然環境を破壊する開発は避けるべき。

②考える：「開発」と「自然を守る」こととの関係をどう考えるか？
- ▶功利主義の視点①…社会全体の幸福に寄与することを重視すべきではないか？
  - →治山・治水や道路などのインフラ整備，防災や災害復興などを行うことは人々の安全で快適な暮らしや生活の利便性向上に寄与する。
  - →自然環境は部分的にそこなわれることはあるが，それ以上に人間社会全体の幸福度は上昇しているのであるから，開発は正当化される。
- ▶功利主義の視点②…開発は持続可能性に配慮することで正当化できるのではないか？
  - →確かに開発行為は自然環境のもつ資源を滅失する部分もある。
  - →しかし，計画的な植林や希少動植物の保護を行うことなどによって自然環境への負荷を極力おさえることで，開発は正当化される。
- ▶義務論の視点①…生物多様性や生態系の維持を最優先すべきではないか？
  - →人間活動の高まりのなかで絶滅した生物や絶滅が危惧される生物がいる。
  - →開発は生物の多様性や生態系の維持をそこなう行為であり，それ自体不正な行為といえるから，開発は行うべきではない。
- ▶義務論の視点②…生態系の一部を改変する行為は行ってはいけないのではないか？
  - →人間は他の動植物とともに生態系という名の共同体を構成し，相互依存的なつながりをもっている。
  - →この共同体的つながりや他の構成員（生物）への尊敬を欠いた，人間のみの都合による開発行為は，それ自体，生態系を改変してその維持を脅かす行為であるから，行うべきではない。

ゼミナール　人間としての在り方生き方の探究─先哲の思想に学ぶ　教 p.30~35

1　哲学と人間としての在り方生き方
①ソクラテス─「善く生きる」ことと魂への配慮
- ▶「無知の知」…自分が人間としての善さについて何も分かっていないという自覚。
  - →問答法を用いて人間としての徳（アレテー）を探究し，魂への配慮を行う。
- ▶魂への配慮…自らの魂に徳が備わるように気遣い，世話をすること。
②プラトン─イデアへの思慕，哲人政治
- ▶イデア…理性によって認識できる真の実在。人間の魂の故郷。ソクラテスの弟子であるプラトンは，現実世界をこえた，永遠に変わることのないイデアの世界は実在すると考えた。
  - →人間の魂は美しいものを目にするたびに魂の故郷であるイデア界を思いあこがれる（エロス）。
- ▶哲人政治…善のイデアを認識する哲学者が統治する政治の在り方。人間の魂の働きを理性，意志，情欲に分類。
  - →それぞれが知恵，勇気，節制の徳を備え，知恵によって勇気・節制が支配され，魂が全体として調和するときに正義が成り立つ。

2　近代科学の考え方

①ベーコン―知は力なり，帰納法

- ▶「知は力なり」…経験にもとづく知識は，自然を支配する力になるという意味。
- ▶帰納法…個々の経験(実験や観察など)からそれらに共通する一般的な法則を導き出す方法。ベーコンによれば，新しい学問はこの帰納法によるべきであるという。
- ▶**四つのイドラ**…実験や観察をゆがめてしまう４つの先入観・偏見。「種族のイドラ」，「洞窟のイドラ」，「市場のイドラ」，「劇場のイドラ」からなり，排除すべきとした。

②デカルト―「われ思う，ゆえにわれあり」，演繹法

- ▶合理論…確実な知識の源泉を理性による思考に求め，経験を理解するために理性を正しく用いるべきとするデカルトの立場。
- ▶演繹法…確実な真理から出発し，理性的な推理によって結論を導く方法。
- ▶**方法的懐疑**…あらゆる感覚，経験を徹底的に疑うことによって真理を求める方法。
  →「われ思う，ゆえにわれあり」

⇩帰納法と演繹法

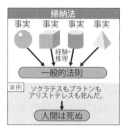
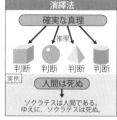

3　民主社会と自由を求めて

①社会契約説―個人と国家

- ▶社会契約説…人民の自然権(生命・自由・平等などの権利)を保障するために人民が契約を結んで国家を樹立するという考え方。ホッブズ，ロック，ルソーが主張。

②カント―自律としての自由，人格の尊厳

- ▶道徳法則…人々が普遍的に従うべき法則。道徳法則に従うことは自分の理性が立てた命令に従うことを意味し，カントはそれを自律としての自由とした。

③ヘーゲル―人倫，弁証法

- ▶カントへの批判…カントのように自由を内面的に根拠づけることでは不十分で，真の自由は具体的な人間関係や制度によって客観的に実現されていくものだとした。
- ▶「人倫」…客観的な法と主観的な道徳を統一したもの。
  →家族，市民社会，国家の関係は弁証法的な論理・法則によって高められる。
- ▶弁証法…すべてのものが正と反の矛盾・対立を契機として変化・発展してゆくことで，新たな次元で総合され(止揚)，より高次のもの(合)が生み出されるという運動・発展の倫理のこと。

⇩ヘーゲルの弁証法と人倫の考え方

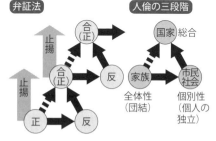

④功利主義―最大多数の最大幸福

👤ベンサム…より多くの快楽をもたらす行為が善である。「最大多数の最大幸福」。

👤J.S.ミル…質の高い精神的な幸福を重視し，他者に危害を加えない限り，自由な議論を通じてたがいの個性を発展させることが，社会全体の利益となると考えた。

4　人間性の回復を求めて

①社会主義　マルクス―労働の疎外，唯物史観

▶疎外された労働…資本主義経済における労働の意味をマルクスが表現したことば。
　→労働は本来人間が自己の能力を発揮する喜ばしい活動だが，資本主義経済において労働者は生活の手段として資本家に雇われており，本来の労働の意味を失っているということ。
　→経済活動などの物質が歴史を動かすという唯物史観を構築。

②実存主義　キルケゴール―主体的な真理，実存の三段階

👤キルケゴール…客観的・論理的な一般的真理ではなく主体的な真理を重視。
　→実存(=「わたし」)の三段階を美的実存，倫理的実存，宗教的実存だと示す。

③ニーチェ，ヤスパース，ハイデッガー，サルトル

👤ニーチェ…信じ続けることができる真理がない時代の到来を宣言(「神は死んだ」)。

👤ヤスパース…人間は限界状況(死や苦しみなど)に直面したときに実存にめざめる。

👤ハイデッガー…人は「死への存在」。
　→不安をまぎらわすために日常を過ごしている「ひと(世人，ダス・マン)」。

👤サルトル…人間は自分のあり方を自分で決められる(「実存は本質に先立つ」)。

5　中国の思想

①儒家―仁と礼

👤孔子…儒家の祖。人の生きる道を仁(人と人との間に自然と備わっている親しみ合う心)と礼(仁の具体的な実践の形)の側面からとらえる。
　→親子・兄弟の間に発する親愛の情(孝悌)として示される仁を，人間関係におし広めることを説いた。

👤孟子…人間は生まれながらにして惻隠の心，羞悪の心，辞譲の心，是非の心(四端)が備わっている(性善説)。

👤荀子…人間の本性は悪→教育や規範(礼)を用いてただす必要がある(性悪説)。

👤朱子…宋代に登場。理気二元論や窮理，欲を捨てて理に従う持敬を説く。

👤王陽明…明代に登場。善悪を判断する能力(良知)のままに生きる致良知を説く。

②道家―無為自然

👤老子や荘子…自然な人間の姿こそ人間本来のあり方であると主張。
　→国家などによる支配からはなれた姿。
　▶無為自然…作為をせず(無為)，あるがまま，素直に生きること。
　▶柔弱謙下…柔和で弱々しく，人と争わない生き方。

6　日本の思想

①日本的仏教の形成

〈飛鳥時代〉

👤**聖徳太子**…仏教に対して理解を示した最初の人物。

→十七条憲法「和をもつて貴しとなす」…人間関係における和合の精神を強調。

〈平安時代〉

👤**最澄**…すべての人に**仏性**(仏となる可能性)が備わっている。

👤**空海**…修行により，宇宙の中心である**大日如来**と一体化することで悟りを得る。

〈鎌倉時代〉

→独自の仏教思想(**鎌倉仏教**)の誕生。

👤**法然**…ひたすら念仏を唱える(**専修念仏**)によって阿弥陀仏の救いを得られる。

👤**親鸞**…自分の罪を深く自覚した人(悪人)こそが仏による救いの対象である(**悪人正機説**)。

👤**道元**…ひたすら坐禅を行うこと(**只管打坐**)で，悟りの境地(**身心脱落**)に至る。

👤**日蓮**…『**法華経**』こそが真理であり，「**南無妙法蓮華経**」という題目をとなえること(**唱題**)で救われると説いた。

②日本的儒教と国学

〈江戸時代〉

👤**林羅山**…朱子学の考えから，身分秩序を重視(**上下定分の理**)して幕藩体制を支える学問の基礎を構築。

👤**中江藤樹**…陽明学の考えから，人には善悪を判断する能力(**良知**)が備わっていることを主張。

👤**伊藤仁斎**…**古義学**を唱え，孔子や孟子の原典に立ち返る重要性を主張。

👤**荻生徂徠**…**古文辞学**派の主張を発展させ，**礼楽刑政**(儀礼・音楽・刑罰・政治)に従った為政を強調。

👤**本居宣長**…仏教や儒教のような「さかしらごと」ではなく，生まれつきの**真心**や「**もののあはれ**」の心を大切にすべきと主張。

▶**国学**…『**万葉集**』や『**古事記**』から日本古代の為政の理想を明らかにする学問。

③西洋思想の受容と日本的展開

〈明治時代〉

👤**福沢諭吉**…**独立自尊の精神**と実学を重視。

👤**内村鑑三**…教会や儀式にとらわれない**無教会主義**のキリスト教を強調。「**二つのJ**」。

👤**夏目漱石**…内発的開化のためには**自己本位**を確立することが必要であると主張。

〈大正～昭和時代〉

👤**西田幾多郎**…**純粋経験**による主客の一体化を説いて，真の自己の確立を求めた。

👤**和辻哲郎**…人間は**間柄的存在**であり，社会的な存在であることを強調。

👤**柳田国男**…村落共同体などに生きる**常民**の生活に注目し，**民俗学**を創始した。

☑ 重要用語チェック！❷

(1)	「正しさ」は，その行為などがめざす目的によって正当化されるという考え。
(2)	ベンサムが打ち立てた考え方で，正しい行為とは，善さや幸福を最大化するものであるというもの。
(3)	だれもがたがいの人格を，単なる手段としてではなく目的として尊重しあう社会のことをカントが示したことば。
(4)	ロールズが想定した，自分についての個別的な事情(境遇・地位・能力など)について何も知らない状態。
(5)	医学・生命科学による技術的介入によって，人間の能力・性質を改良したり強化したりすること。
(6)	自分が人間としての善さについて何も分かっていないという自覚をソクラテスが表現したことば。
(7)	ベーコンのことばで，経験にもとづく知識は，自然を支配する力になるという意味。
(8)	デカルトが提唱した，確実な真理から出発し，理性的な推理によって結論を導く方法。
(9)	国家は，人民の自然権(生命・自由・平等などの権利)を保障するために人民が契約を結んで成立するという考え方。
(10)	ヘーゲルのいう，客観的な法と主観的な道徳を統一したもの。
(11)	資本主義経済における労働の意味をマルクスが表現したことば。
(12)	人の生きる道を仁(人と人との間に自然と備わっている親しみ合う心)と礼(仁の具体的な実践の形)の側面からとらえた中国の思想家。
(13)	道家思想における，柔和で弱々しく，人と争わない生き方。
(14)	すべての人に仏性(仏となる可能性)が備わっていると主張した，日本における天台宗の開祖。
(15)	ひたすら坐禅に打ちこむことを強調した曹洞宗の開祖。
(16)	『万葉集』や『古事記』から日本古代の為政の理想を明らかにする学問。
(17)	村落共同体などに生きる常民の生活に注目し，民俗学を創始した人物。

[解答→p.165]

演習問題 ❷

1 次の問いに答えよ。

(1) ベンサムは，できるだけ多くの人々にできるだけ多くの快楽をもたらすのが最善の行為であるとした。この考え方を端的に表すことばを9文字で答えよ。

(　　　　　)

(2) カントのいう，行為する人自身が定めた道徳法則に自ら従うことを何というか。

(　　　　　)

2 次の問いに答えよ。

(1) 次の各文は，アリストテレスによる「全体的な正義」と「部分的な正義」について説明したものである。次の各文のうち，「全体的な正義」についての説明として最も適切なものを，ア～ウの中から一つ選べ。　　　　　(　　　　　)

ア 働きに応じて賃金が支払われるなど，価値に応じて配分されること。

イ 取引が適正に行われるなど，相互交渉によって過不足が調整されること。

ウ 民主的な国家においてつくられた法律を守るなど，合法であること。

(2) 次の図は，目的論と義務論をめぐるそれぞれの立場を図式化したものである。次の図のA～Eにあてはまる語句として適切なものを，下のア～オの中からそれぞれ一つずつ選べ。

```
┌─( A )…「正しさ」はその行為がめざす目的によって正当化されるという考え方
│   ┌─( B )…行為の正しさはその行為の結果から生じる幸福によって決まる
│   │   └─( C )…正しい行為とは「最大多数の最大幸福」を実現するもの
│   └─( D )…善さ・幸福とは人間としての能力を発揮し優れた生き方をすること
└─( E )…それ自体で正しい，または不正な行為がある(目的では決まらない)
```

ア 目的論　イ 義務論　ウ 徳倫理学　エ 帰結主義　オ 功利主義

A(　)　B(　)　C(　)　D(　)　E(　)

3 次の文中の①～③にあてはまる語句を答えよ。

アメリカの政治哲学者(① 　　　　　)は，(② 　　　　　)主義は，全体の幸福量を増大させるために一部への不公正を許容するとして，すべての参加者がたがいに公正と感じるルールの範囲内で生活することによって「公正としての(③ 　　　　　)」があらわれるとした。

4 次の文中の①〜⑤にあてはまる語句を答えよ。

（①　　　　　　　　　）は，それ以前の学問が実生活や実社会に役立っていないというところから，これからの学問は自然を支配し，人類の生活をよりよくするものでなければならないとして，「知は力なり」と表現した。その新しい学問とは，観察や実験によってデータを集め，一般的な法則に近づいていく（②　　　　　　　　　）を用いたものだった。これに対して，誰にとっても疑うことのできない真理から出発して結論を導く（③　　　　　　　　　）を説いたのは（④　　　　　　　　）である。（④）は，その確実な真理にいたる方法として，すべての感覚や経験を徹底的に疑う（⑤　　　　　　　　）を用いた。

5 次に掲げる思想家とその代表的なことばを線で結べ。

ニーチェ　　　　　・　　　　　　　　　　　　　・「死への存在」

ハイデッガー　　　・　　　　　　　　　　　　　・「実存は本質に先立つ」

サルトル　　　　　・　　　　　　　　　　　　　・「神は死んだ」

6 次の問いに答えよ。

(1) 孟子は性善説を唱えたが，それは人間に生まれながらにして備わっている四つの心によるものであるとした。それら四つの心を総称して何というか。

（　　　　　　　　　）

(2) 老子や荘子などの道家の思想家が重視した，何事もあるがままに素直に，作為をせずに生きるのがよいとする考え方を漢字4文字で何というか。（　　　　　　　）

7 次の文中の①〜⑨にあてはまる語句を答えよ。

仏教がいまの日本列島に伝わってきたのは6世紀ころであるとされるが，これを政治に反映して十七条憲法にまとめたのは（①　　　　　　　　　）である。その後，平安時代に入り，（②　　　　　　　　　）は生きとし生けるものには仏となる可能性，すなわち（③　　　　　　　　　）が備わっていると主張して，天台宗を開いた。一方，真言宗を開いた（④　　　　　　　　　）は，密教の修行により大日如来と融合できるとした。鎌倉時代には，浄土宗を開き，ひたすら念仏を唱えることで救われると説いた（⑤　　　　　　　　　）やその弟子の親鸞，坐禅を重視してひたすらこれを行う（⑥　　　　　　　　　）を説いた道元など鎌倉仏教が花開いた。

江戸時代には儒教のなかで，林羅山は（⑦　　　　　　　　），中江藤樹は（⑧　　　　　　　　）の考え方を取り入れた。江戸時代も中期になると，外来思想が伝来する以前の日本精神を探究しようとする国学がおこり，（⑨　　　　　　　　　）は，儒教や仏教の考え方を「さかしらごと」として批判して，人間にもともと備わっている真心や「もののあはれ」を強調した。

［解答→p.165］

第3章 公共的な空間における基本的原理—私たちの民主的な社会 　教科書 p.36~53

1 公共的な空間における協働とは

利害対立の調整

①**囚人のジレンマ**…自分の利益を最優先に考える人々が，その利益を追求するあまり**協働の利益**を失ってしまう状況のこと。

- ▶**インセンティブ**…ある人にある行動を選ぶように仕向ける誘因(ゆういん)のこと。上記の場合，自分の利益を最優先する人にとっては協働すべき相手を裏切るというインセンティブがあるといえる。
  - →インセンティブの例…投票にいくと商店街で割引が受けられるという施策は，有権者が投票にいくインセンティブとなる。小学生がラジオ体操に参加してスタンプをためると賞品と交換できるという取り組みは，小学生がラジオ体操に参加するインセンティブとなる。
  - →ジレンマを脱するためには何らかの調整が必要。

市場による調整

①**市場の役割**…市場(しじょう)では，個人の所有する物に価格がつけられ，需要と供給のバランスにより利害が調整される。

- →強制力に頼らずに**利害調整**が可能。

②**市場の課題**…**市場の効率性**と社会全体の公平性の**トレードオフ**(二律背反)。

- ▶効率性と公平性
  - ●効率性…資源や財の配分にむだがないこと。
  - ●公平性…資源や財の配分に偏りがないこと。
- ▶トレードオフ…一方を得ようとすると，一方を犠牲(ぎせい)にしなければならないという関係のこと。
  - →トレードオフの例…アルバイトをしてお金を稼(かせ)ごうとすると，自由な時間がなくなる。福祉政策を充実させようとすると，国民の税負担が増える，など。

国家の役割

①**国家の役割**…国家は**政治**と**法**にもとづく**強制力**を行使することで**利害対立**を調整する。

- ▶**社会契約説**…国家や社会は個人相互の契約によって存立(そんりつ)するという考え方。この考え方は，王権は神から授かったものであって国王は神にのみ責任を負うとした王権神授説(しんじゅせつ)に代わる新たな考えとして登場した。
  - →自然状態における**自然権**(人々のもつ生命・自由・平等などの権利)を守るために，国家に権力を与えて利害調整をしてもらうという点に国家の正統性を認めたもの。

②**近代以降の国家**…多くの国では，**立憲主義**にもとづくルールと民主的政治制度によって利害調整を行う。

- ▶**立憲主義**…憲法にもとづいて政治が行われ，それによって個々人の権利が守られるしくみ。
- ▶**民主主義**…国民の意思決定にもとづいて政治を行うしくみ。

▶シルバーデモクラシー…有権者に占める高齢者の割合が増大すると，政策決定において高齢者の影響力が強くなる，という仮説。社会保障制度などについて世代間対立を引き起こす可能性がある。

▶国家は法制度を整備して，**税**を通じて富の**再分配**を行う。

　→防衛，教育，公衆衛生など国民全体に関わる**公共財**は国家が介入(かいにゅう)して提供。

囚人のジレンマ

▶囚人のジレンマ…自分の利益を追求したことで，協働したときより悪い結果を招くこと。

▶例…犯罪容疑でAとBが逮捕された。両人とも黙秘を続けるなか，捜査員が次の司法取引をもちかける。

「このまま二人とも黙秘(もくひ)を続けるなら二人とも懲役(ちょうえき)1年となる」

「しかし，君だけが自白(じはく)すれば相手は懲役3年，君は無罪となる」

「二人とも自白した場合は懲役2年となる」

▶結果

●両者の懲役の合計が最小となるとき。

　→二人とも黙秘を貫いた場合(協働)。

●囚人Aは「Bが黙秘，もしくは自白した場合どちらについても，自分は自白したほうが得だ」と考える。

🔽 司法取引の内容

		囚人B	
		黙秘	自白
囚人A	黙秘	1年 / 1年	0年 / 3年
	自白	3年 / 0年	2年 / 2年

　→Bも同様に考えた結果，両者ともに相手を裏切って懲役2年の刑となる。

アプローチ　「囚人のジレンマ」の自発的克服―ゲーム理論と人間行動　教 p.38

1　くり返し「囚人のジレンマ」

▶人は現実世界では取引や社会的活動を絶え間なく行っているため，「囚人のジレンマ」は何度も繰り返される。

　→この場合，人々は自ら進んで協力を達成することができるか。

▶何度もくり返される「囚人のジレンマ」

●プレーヤー AとBはそれぞれ「協力」と「裏切り」の二つの選択肢をもつ。

●一回目にA・Bがそれぞれ同時に選択する。

●つぎに，一回目の選択をおたがいに知ったうえで，もう一度選択を行う。

		プレーヤーB	
		協力	裏切り
プレーヤーA	協力	2 / 2	3 / −1
	裏切り	−1 / 3	0 / 0

●三回目以降もこれを繰り返し，たがいに，過去にどのような選択をしたかを知った状態でこれを繰り返すと，どのようなことが生じるか。

▶トリガー戦略…相手が裏切らない限り協力し，相手が裏切った時点で，それ以降全く協力しないという行動の選択のこと。

　→この相手が協力している状態で裏切れば一時的に大きな利益を得られるが，次回以降はずっと協力を得られないことになる。

　→長期的に利益を得たい人は裏切らない。

2　最後通告ゲーム

▶1000円を分ける最後通告ゲーム

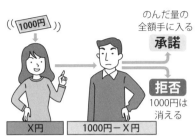

- 二人のプレーヤーのうち一人に1000円が渡される。
- 渡された人(提案者)はその1000円のうち自分の受け取ることができる額としてX円を提案する。
- 提案された人(応答者)は承諾するか拒否するかを選ぶことができる。
- 提案を承諾すれば応答者は1000−X円を得ることができるが，拒否すれば二人とも1円ももらえない。

▶予想

- 参加者が自分の利益だけを追求する場合，提案された側は拒否したら1円ももらえないことを考えて，1円でも得られる提案を承諾するはず。
- 提案者が自分の利益だけを追求する場合，相手が受け入れる限度の1円を提案し，自分は999円を得ようとするはず。

▶結果

- 提案者側は相手に100円以上分配することが多い(相手に500円以上分配する人もいる)。
- 一方で応答者も，1円以上であっても少額なら拒否する場合もある。
  - →「最後通告ゲーム」からは，人間はつねに自分の利益だけを追求するわけではなく，時に利他的・互恵的な行動もとるものだということが分かる。
  - →人々がじゅうぶんな利他性・互恵性をもつのなら，「囚人のジレンマ」のような状況であっても協働の利益が達成されることとなる。

ゼミナール　近代政治の原理と民主主義　教 p.39

1　近代民主政治の展開

①**王権神授説**…16世紀～17世紀のヨーロッパでとなえられた，王の権力は神によって与えられたものであり，王は神に対してのみ責任を負うという考え方。

→君主政が正当化され，王の権力が絶対視されたため絶対王政（絶対主義）とよばれる。

②**市民革命**…王の権力を絶対視する絶対王政に対し，自由で平等な存在としての人間によって統治を行うべきとする考えから起こった革命のこと。イギリスのピューリタン（清教徒）革命，アメリカ独立革命，フランス革命など。

→近代の民主主義は古代ギリシャのような直接民主制ではなく，議会を中心とする**間接民主制（議会制民主主義）**の形をとる。

2　社会契約説

①**社会契約説**…人民の自然権（生命・自由・平等などの権利）を保障するために人民が契約を結んで国家を樹立するという考え方。ホッブズ，ロック，ルソーがそれぞれ主張した。

②**ホッブズ**…イギリスの思想家。主著は『リバイアサン』。

▶自然状態…各人が自己保存の欲求のために行動する。「**万人の万人に対する闘争**」と表現した。

▶社会契約…個人は闘争の恐怖と平和の欲求によって自然権を全面的に権力者（君主）へ譲渡する。

▶影響…自然法を人間の理性から導き出した点で近代政治思想の原型となったが，自然権を全面的に権力者へ譲渡するというところから絶対王政を擁護することにもなった。

⬇ ホッブズ

③**ロック**…イギリスの思想家。主著は『統治二論』。

▶自然状態…理性に従った行動をとっていれば自由・平等・平和な状態が保たれているとした。

▶社会契約…紛争はときとして起こるため，自然権の一部を代表者（議会）に信託する。

▶影響…専制政治に反対して，社会契約にもとづく**抵抗権（革命権）**の主張によって，議会制民主主義の思想原理と政治形態を定式化。アメリカ独立革命に影響を与えた。

⬇ ロック

④**ルソー**…フランスの思想家。主著は『社会契約論』。

▶自然状態…人間はそれぞれ孤立しているものの，思いやりの情があり，完全に自由・自足的。

▶社会契約…人民は自然権を譲渡する形で社会契約による共同体を構築し，自分たちを**一般意志**（個々の利己的な意志をこえた共同体の意志）のもとにおく。

▶影響…契約の目的を個人に自由をもたらす共同体の設立におく。人民主権にもとづく**直接民主制**を主張し，フランス革命に影響。

⬇ ルソー

2 民主主義とは

民主主義とは何か

①**政治の役割**…私たちの社会生活における決まり（法律など）やしくみをつくる決定を行うこと。その方法には一人で決定する**君主政**や,人民自身が決定する**民主主義**がある。

- ▶**国民主権**（人民主権）…国民が国政における最終的な決定権をもつということ。
  - →アメリカ大統領のリンカンが, 1863年に南北戦争の激戦地ゲティスバーグで行われた記念式典で演説した「人民の人民による人民のための政治」ということばは,民主主義の特徴を示している。

民主主義は多数決か

①**多数決**…全員の意見が一致することは困難であることから, 相対的に多数の者の意見を全体の意見とすることで決定にこぎつくことができる方法。多数決は民主主義の行い方の一つで, 典型例は**選挙**。

- ▶**多数者の専制**…**トックビル**が示した, 民主主義のもとに, 多数派による恣意的な政治が行われ, 少数派が抑圧され続けること。多数決の「**数の力**」によって誤った決定が行われる危険を懸念し,国政においては立憲主義などによる人権保障が重視された。

🧑 **トックビル**…フランスの政治家・政治学者。主著は『アメリカのデモクラシー』。

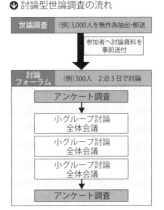

◆ 討論型世論調査の流れ

| 世論調査 | （例）3,000人を無作為抽出・郵送 |

参加者へ討論資料を事前送付

| 討論フォーラム | （例）300人　2泊3日で討論 |

アンケート調査 → 小グループ討論 全体会議 → 小グループ討論 全体会議 → 小グループ討論 全体会議 → アンケート調査

②<u>**熟議**</u>（熟議民主主義）…民主主義の行い方の一つで, 話し合いを指す。

- ▶自分の意見には他者を納得させられるような理由をつけ（正当化）,ほかの人々の意見に納得したならば自分の意見をかえること（反省性）などが重視される。
- ▶多数決のような「数の力」ではなく,「**理由の力**」によって物事を決定する。
  - →熟議のための制度の例…討論型世論調査, 市民討議会など。

直接民主制と間接民主制

①**直接民主制**…人民が直接, 政治決定に参加する。

②**間接民主制**…人民が選んだ代表者が決定を行う（**代表制民主主義**）。

- ▶**議会制民主主義**…選挙で選ばれた代表者による間接民主制。多数決原理を採用。

◆ 直接民主制と間接民主制の比較

	優れた点	問題となる点
直接民主制	民意を直接政治に反映できる	規模が大きいと多数の人々が実質的な議論を行うことが困難
間接民主制	実質的な議論ができる	民意が反映されないおそれ

③**両者の組み合わせ**…国家を例に挙げると, 選挙による代表制民主主義を基本におきながら, 国民投票などの直接民主制的な制度を取り入れるなど, 両者を組み合わせてバランスを図る。

「多数決」を正しく使う：ボルダ・ルール

▶例題：ある集団で三つの候補から一位の候補を決める。

①多数決

- 三つの候補に順位をつけた結果，17人が「A案，B案，C案」の順に望ましいと思っていることが分かった。
- 単純多数決をとるとA案が採択されるが，多数派はA案を最下位にしていることが分かる（票が割れている）。
  →多数派（13人＋10人＝23人）はA案が最下位。

	17人	13人	10人
1位	A案	B案	C案
2位	B案	C案	B案
3位	C案	A案	A案

②ボルダ・ルール…有権者が候補に対して，良いと思う順に高い得点をつけて投票するしくみ。もっとも得点が高い候補が選出される。

- 今回，有権者が1位の選択肢に3点，2位の選択肢に2点，3位の選択肢に1点を投票するとする。
- もっとも高い得点はB案となった。

⬇先ほどの例にボルダ・ルールを適用した結果

A案	74点（3点×17人＋1点×23人）
B案	93点（3点×13人＋2点×27人）
C案	73点（3点×10人＋2点×13人＋1点×17人）

▶結果：選択肢が三つ以上の場合，票の割れが起こり，多数決でも多数派の意思を正しく反映できないこともある。多数決のしくみを変えるだけで結果が変わることがある。

くじ引きと民主主義

▶くじ引き（抽選）…無作為抽出。だれもが政治の担い手となることという民主主義の原理を実質化する方法。
　→実際に古代ギリシャのアテネでは，くじ引きで選ばれた500人の市民が話しあいをする評議会が行われていた。

3 立憲主義とは

法の支配と立憲主義

①**法の支配**…政治権力も法に拘束されるという考え方。「人の支配」に対立する。

→中世イギリスの**マグナ・カルタ**（大憲章）は身分制を
前提としながら，「法の支配」を宣言している。

②**権利章典**…「法の支配」の原理を明文化したもの。イギリスの名誉革命の際に採択された。

③**立憲主義**…**憲法**にもとづいて政治を行い，個々人の権利や自由を保障するしくみ。

→**フランス革命**などの市民革命を経て，国民を代表する議会などであっても，憲法によってその権力が制限されるという原理として確立。

→権力をしばるという点で立憲主義は「法の支配」の延長線上といえる。

④**法治主義**…法による秩序の維持を重視するしくみ。ただ，法の内容を問わずに法に従うことを意味する場合は，権力の制限をあらわす「法の支配」と区別される。

人の支配と法の支配

人の支配	法の支配
国王・権力者 ↓ 命令・法 ↓ 国民	法 ↓ 国王・権力者 ↓ 国民

「法の支配」／立憲主義の歩み

1215	（英）	マグナ・カルタ
1250頃	（英）	法学者ブラクトン「国王といえども神と法の下にある」
1606	（英）	エドワード・コーク卿がブラクトンのことばを引用 →国王を諫める
1688	（英）	名誉革命
1689	（英）	権利章典…議会による王権の制限
1690	（英）	ロック『統治二論』
1701	（英）	王位継承法で裁判官の身分保障
1787	（米）	アメリカ合衆国憲法制定（成文憲法）
1789	（仏）	フランス革命→フランス人権宣言

近代立憲主義の原理

①近代立憲主義

▶フランス人権宣言（第16条）…「権利の保障が確保されず，権力の分立が定められていないすべての社会は，憲法をもたない」

→立憲主義は**近代憲法**の根幹で，人々が生まれながらにもつ人権を保障する。

▶**硬性憲法**…法律よりも改正が難しい憲法のこと。権力の暴走を防ぐための方法として，あらかじめ政府の権力行使の方法や国家組織などを硬性憲法により規定。

→憲法によって政府の権力行使の範囲を制約する。

フランス人権宣言（1789年）

第1条 人は，自由かつ権利において平等なものとして出生し，かつ生存する。…

第2条 あらゆる政治的団結の目的は，人の消滅することのない自然権を保全することである。これらの権利は，自由，所有権，安全および圧制への抵抗である。

第3条 あらゆる主権の原理は，本質的に国民に存する。…

第16条 権利の保障が確保されず，権力の分立が規定されないすべての社会は，憲法をもつものではない。

②**権力分立**…**立法・行政・司法**の各権力が，相互に抑制と均衡(チェック・アンド・バランス)をしあうというしくみ。**モンテスキュー**により体系化。

■**モンテスキュー**…フランスの哲学者。政治的自由の確立のためには統治のための各権力を分立させることが必要であるとした。主著は『法の精神』。

憲法と民主主義

①立憲主義と民主主義の関係…一定の緊張関係。例えば，民主主義的につくられた法律であっても，憲法違反であれば無効。

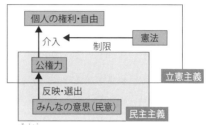
❷立憲主義と民主主義の関係

→裁判所による**違憲審査**。

▶違憲審査…ある特定の法律が憲法に違反するかどうかを審査することができるという権利。日本でも憲法で認められているが，日本の違憲審査制は何らかの具体的な訴訟にもとづいて行われるもので，抽象的に法令審査をすることはない。

▶**憲法の最高法規性**…憲法はこのように法の支配の根幹をなすものであるから，そのときどきの民意や政治権力によってみだりに改変されないよう，法体系の頂上に位置づけられること。

②憲法改正…憲法を改正すること。日本国憲法には第96条にその定めがある。

▶**憲法制定権力**…近代憲法では国民がもつ権利。日本国憲法などには国民主権原理が採用されており，国民の総意によって憲法が制定されている。

→国民が憲法改正の必要性を認める場合，憲法内の手続きを経て改正が可能。

▶**憲法改正の限界**…憲法改正手続きでは，憲法の根幹の改正はできないとするもの。

→さらに，近代憲法である限り，**基本的人権**の保障や権力分立などの立憲主義の中心的理念を変更・放棄することはできない。

→日本国憲法の場合，国民主権，基本的人権の尊重，平和主義の三大原理に変更を加えることはできない。

4 人権保障の意義と展開

人間の尊厳と平等

①人権…人がだれしも生まれながらに有しているとされる権利(**自然権**)のこと。

▶**世界人権宣言**…「すべての人間は，生まれながらにして自由であり，かつ，尊厳と権利とについて平等である」(第1条)と記されている。

▶「**人間の尊厳**」の原理…どの個人も，人間であるというただそれだけで尊重されるべき存在であるという意味。

→人権保障には**憲法**，そして憲法にもとづいて制定された**法律**が重要。

人権の歴史的発展

①人権の成立…近代ヨーロッパでの市民革命の成果。

→バージニア権利章典，**アメリカ独立宣言**，**フランス人権宣言**などに記載。

②**自由権**…人が国家権力による不当な介入（かいにゅう）を受けず，また社会的身分にかかわらず自由に行動できるという権利。

→「国家からの自由」と表現される。

→精神の自由，身体の自由，経済の自由（経済活動の自由）に分けられる。

→人権は，まず自由権の分野で確立したが，20世紀には不十分であるとの考え方が強まる。

③**参政権**…政治に参加する権利。

→20世紀以降，資本主義の発展にともなう労働環境の悪化や貧困などが深刻化。

→労働問題や社会問題の解決を訴える労働者にも拡大した。

④**社会権**…人々の人間らしい生活を保障することを国家に求めることができる権利。

→「国家による自由」の一部といわれる。

→ドイツの**ワイマール憲法**は初めて社会権を保障した。

ワイマール憲法（1919年）
第151条(1) 経済生活の秩序は，すべての者に人間たるに値する生活を保障する目的をもつ正義の原則に適合しなければならない。
第153条(1) 所有権は，憲法によって保障される。その内容およびその限界は，法律によって明らかにされる。
第153条(3) 所有権は義務をともなう。……
第159条(1) 労働条件および経済条件を維持し，かつ，改善するための団結の自由は，各人およびすべての職業について，保障される。……

🔽 人権思想と人権保障の歩み

1215	(英)	マグナ・カルタ
1628	(英)	権利請願
1642	(英)	ピューリタン（清教徒）革命
1651	(英)	ホッブズ『リバイアサン』
1679	(英)	人身保護法
1688	(英)	名誉革命
1689	(英)	権利章典
1690	(英)	ロック『統治二論』
1748	(仏)	モンテスキュー『法の精神』
1762	(仏)	ルソー『社会契約論』
1776	(米)	バージニア権利章典
1776	(米)	アメリカ独立宣言
1787	(米)	アメリカ合衆国憲法制定
1789	(仏)	フランス革命
1789	(仏)	フランス人権宣言
1832	(英)	第一次選挙法改正
1838	(英)	チャーティスト運動
1863	(米)	奴隷解放宣言
1889	(日)	大日本帝国憲法発布
1919	(独)	ワイマール憲法制定
1920		国際連盟成立
1945		国際連合成立
1946	(日)	日本国憲法公布
1948	国連	世界人権宣言採択
1966	国連	国際人権規約採択

⑤**新しい人権**…憲法に明文の規定はないが，社会の変化のなかで保障を必要とすると考えられるようになった人権。

→環境権やプライバシーの権利など。

人権保障の広がり

①世界人権宣言…国籍，人種，民族，言語，性別，思想，信条，宗教など基本的人権にかかわる差別を禁じた宣言。

→この内容を基礎に，**国際人権規約**が条約化された。

▶国際人権規約…世界人権宣言を条約化したもの。

→A規約(経済的・社会的及び文化的権利に関する国際規約)とB規約(市民的及び政治的権利に関する国際規約)からなる。

②その他諸条約…**人種差別撤廃条約，子ども(児童)の権利条約**など。

③女性の権利保障…国際連合での**女子差別撤廃条約**の採択をきっかけに，日本でも**男女雇用機会均等法，男女共同参画社会基本法**などを制定。

▶**ポジティブ・アクション**…ジェンダー，人種などにおける積極的差別是正措置。

④**障害者の権利条約**…障がい者の基本的人権を確保し，障がい者の尊厳を尊重する条約。

→これをきっかけとして日本では**障害者差別解消法**を制定。

→上記以外にも，近年ではLGBTなど性的少数者の権利保障や，特定の民族を排斥するヘイトスピーチ(憎悪表現)の問題，定住外国人などへの権利保障も課題。

▶LGBT…Lesbian Gay Bisexual Transgenderの頭文字をとったもの。性愛の対象が同性であったり，身体的な性と自認する性が異なっていたりするなど，性的に少数の立場にある人々の総称。

🔽国際連合における主要な人権関係の諸条約

採択年	名称	日本批准
1951	難民の地位に関する条約	1981
1953	婦人の参政権に関する条約	1955
1965	あらゆる形態の人種差別の撤廃に関する国際条約	1995
1966	国際人権規約	1979
	＊A規約(社会権規約)：経済・社会・文化的権利，B規約(自由権規約)：市民的・政治的権利，選択議定書の総称	
1979	女子に対するあらゆる形態の差別の撤廃に関する条約	1985
1989	子ども(児童)の権利に関する条約	1994
	市民的及び政治的権利に関する国際規約の第二選択議定書(死刑廃止条約)	－
2006	障害者の権利条約	2014
2007	先住民族の権利に関する国連宣言採択	
2008	経済的，社会的及び文化的権利に関する国際規約の選択議定書(個人通報制度を規定)	－

╭───╮
│ **ゼミナール**　日本国憲法の基本原理①─日本国憲法と三つの原理　教 **p.46~47** │
╰───╯

1　大日本帝国憲法の制定と特質

①**大日本帝国憲法**(明治憲法)…君主によって1889年に制定された欽定憲法。
- →明治憲法における政治体制は天皇に絶対的な権力(**天皇大権**)があることが前提。
- →帝国議会は協賛機関，国務大臣は天皇の輔弼機関であるとされ，司法権は天皇の名の下に行使された。その他，陸海軍の**統帥権**(軍隊の最高指揮権のこと)や，宣戦講和，条約の締結などの外交権も天皇大権の一部とされた。

2　日本国憲法の制定

①**ポツダム宣言の受諾**…1945年，連合国が日本に対して発した降伏要求の最終宣言のこと。全13条。そこには軍国主義の根絶や基本的人権の保障，政治の民主化などが記されており，大日本帝国憲法を改正することが課題となった。

②**日本国憲法の制定**

▶ **松本案**(憲法改正要綱)…国務大臣松本烝治が，政府が設置した憲法問題調査委員会で作成した憲法改正案。大日本帝国憲法と大差ない内容であったため，GHQは受け入れなかった。

▶ **マッカーサー三原則**…GHQ総司令官のマッカーサーが示した，天皇の頭位の地位，戦争の放棄，封建的諸制度の廃止の3つの原則のこと。

▶ **日本国憲法の誕生**…マッカーサー三原則をもとにした政府案が可決され，1946年11月3日に公布，1947年5月3日に施行。

1945	8月	14日	ポツダム宣言受諾
	10月	11日	マッカーサー，幣原首相に憲法改正を示唆
	12月	26日	憲法研究会「憲法草案要綱」発表
1946	2月	3日	マッカーサー三原則
	2月	8日	松本案(憲法改正要綱)をGHQに提出
	2月	13日	GHQ草案，日本政府へ手交
	3月	6日	政府，憲法改正草案要綱発表
	4月	10日	第22回衆議院議員総選挙
	6月	20日	衆議院へ憲法改正案を提出
	8月	24日	衆議院修正可決
	10月	6日	貴族院修正可決
	10月	29日	枢密院，憲法改正案を可決
	11月	3日	日本国憲法公布
1947	5月	3日	日本国憲法施行

3　日本国憲法の理念

①**国民主権**…国民が国政の決定権をもつということ。
- →天皇の地位は「主権の存する日本国民の総意に基く」と規定され(第1条，**象徴天皇制**)，国政に関する権能をもたず**国事行為**のみを行う(第3・4・6・7条)。
- →国民主権にもとづく**間接民主制**を採用(前文)し，国会を「国権の最高機関」とする。

②**基本的人権の尊重**…人間らしい生活を送る権利。
- →基本的人権は「侵すことのできない永久の権利」(第11・97条)。
- →すべて国民は個人として尊重され，生命，自由，幸福追求の権利は国政において最大限尊重される(**第13条**)。

③平和主義…戦争と武力の放棄。

▶憲法前文…悲惨な戦争への反省から，政府により再び戦争の惨禍が起こることのないようにすると明記。

→全世界の国民が「平和のうちに生存する権利」（**平和的生存権**）を有するとする。

→憲法**第9条**は**戦争の放棄**，**戦力の不保持**，**交戦権の否認**を規定。

↓ 日本国憲法と大日本帝国憲法の内容の比較

日本国憲法	比較事項	大日本帝国憲法
民定憲法	**性格**	欽定憲法
国民主権	**主権**	天皇主権
象徴，国事行為のみ行う	**天皇**	神聖不可侵・元首，統治権の総攬者
永久平和主義（戦争の放棄・戦力の不保持・交戦権の否認）	**戦争・軍隊**	天皇に統帥権 兵役の義務
基本的人権は永久不可侵の権利	**国民の権利**	「臣民」としての権利
国権の最高機関	**議会**	天皇の協賛機関
最高の行政機関	**内閣**	天皇の輔弼（たすける）機関
司法権の独立を保障，違憲法令審査権	**裁判所**	天皇の名による裁判
地方自治の本旨を尊重	**地方自治**	規定なし
国会の発議→国民投票	**憲法改正**	天皇の発議→帝国議会の議決

憲法改正をめぐる議論

▶**国民投票法**…2007年に成立した，憲法改正の手続きを定めた法律。

→18歳以上の国民に投票権を認め，最低投票率は定めていない。公務員や教育者の地位を利用した投票運動を禁止し，テレビ，ラジオなどによるCMも投票日の14日前から禁止された。

↓ 憲法改正の手続き

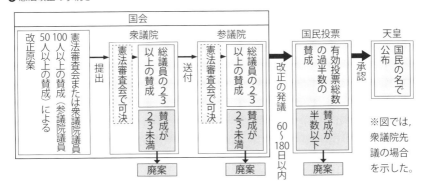

ゼミナール　日本国憲法の基本原理—②基本的人権の保障　教 p.48~51

1　平等権

①平等権…人間は生まれながらにして自由・平等であるという考えを権利としたもの。

> →憲法第14条 1 項は，「すべて国民は，法の下に平等であつて，人種，信条，性別，社会的身分又は門地により，政治的，経済的又は社会的関係において，差別されない」(**法の下の平等**)，14条 2 項は，「華族その他の貴族の制度」の否定を規定する。
>
> →他にも憲法では，両性の本質的平等(第24条)，選挙権の平等(第44条)も規定。

②差別問題

> ▶ さまざまな差別問題…在日外国人・被差別部落出身者・アイヌ民族に対する差別，男女差別，障がい者への差別や偏見など。
>
> ▶ 差別解消に向けて…ポジティブ(アファーマティブ)・アクション(積極的差別是正措置)や法整備などが挙げられる。

2　自由権

①自由権…個人が国家権力による介入や束縛を受けずに自由に行動する権利。

> →自由権は**精神の自由**，**身体の自由**，**経済の自由**に分けられる。

②精神の自由

> ▶ 思想・良心の自由…内心の自由のこと。国家は個人の主義や思想などを理由に不利に取り扱ったり，禁止したりすることは許されない。絶対無制限に保障される。
>
> ▶ 信教の自由…いかなる宗教を信仰してもよいし，いかなる宗教的行為も強制されない自由。だれに対しても保障される。
>
> > →国家は特定の宗教団体を優遇したり，国家が宗教活動をしたりすることは**政教分離の原則**に反し許されない。
>
> ▶ 集会・結社・表現の自由，通信の秘密…意見，主張を同じくする人々が集まり社会に意見を表明したり，ほかの人々に対して働きかけたりする活動を保障する自由。戦前の治安維持法などによって特定の団体が結社を禁止されたことなどへの反省から，その制約は最低限にとどめることとされる。
>
> ▶ 学問の自由…学問研究の自由，研究発表・教授の自由のこと。大学の人事などに国家が介入しないことなどを内容とする。大学の自治の保障も含まれる。

③身体の自由…みだりに身体を拘束されたり恣意的に罰せられたりすることのない自由。

> →**罪刑法定主義**が原則。
>
> →憲法には法定手続きの保障(第31条)，遡及処罰の禁止・一事不再理(第39条)，令状主義(第33・35条)，黙秘権(第38条，自分に都合の悪い供述を強制されない権利)などが規定。
>
> ▶ 罪刑法定主義…法律がなければ犯罪ではなく，刑罰もないという原則。

④経済の自由…**財産権**の保障のもと，生活の基盤となる居住・移転の自由，職業選択の自由や営業の自由などを保障。

> →「**公共の福祉**」による制約を受ける。

▶公共の福祉…基本的人権の行使が他者の基本的人権と衝突する場合の調整原理。
　→公共の福祉の制限例…職業選択の自由を行使するにしても，医師免許のない人が病院を開業しては他人に迷惑がかかる。よって免許制にすることで公共の福祉による制約を行っている。

3　国民の義務と責任
①国民の義務…**納税の義務**，子どもに**普通教育を受けさせる義務**，**勤労の義務**。
　→明治憲法で規定されていた「兵役の義務」はなくなった。

4　社会権
①社会権…国家が社会的・経済的弱者を保護し，実質的平等を実現するために設けられた人権。20世紀になり，資本主義経済が進展するにともなって生まれた。
②生存権…人間の自由や尊厳を実現するために「人間らしい生活」を送ることができる権利。
　→憲法第25条1項は「すべて国民は，健康で文化的な最低限度の生活を営む権利を有する」と規定する。
③教育を受ける権利…憲法第26条に規定されている，教育の機会を付与される権利。
④勤労権と労働基本権…憲法第27条で規定されている，国民の**勤労の権利**。憲法第28条では労働者の権利を守る労働基本権（**団結権**，**団体交渉権**，**団体行動権**または**争議権**）を規定。

5　基本的人権を実現するための権利
①参政権…国民が政治決定に関与し，権利の実現をはかる権利（憲法第15条）。
②裁判を受ける権利…自分の権利が侵害されたと考えた場合に裁判所で裁判を受けることができる権利（憲法第32条）。
③その他…公務員による権利侵害に対して損害賠償を求める権利（憲法第17条），刑事補償を受ける権利（憲法第40条），国政について意見を述べる**請願権**（憲法第16条）など。

6　新しい人権
①環境権…生存権（憲法第25条）や幸福追求権（憲法第13条）をもとに主張される，良好な生活環境を求める権利。
②プライバシーの権利…憲法第13条などを根拠に主張される，自らの個人情報をみだりに公開されない権利。
　→自己の情報をコントロールする権利も含まれる。
③知る権利…国民が参政権を行使するために必要な情報を，政府や地方公共団体にその公開を求めることができる権利。
④アクセス権…人々が情報源にアクセス（接近）して，広く意見を表明することができる権利や，反論権のこと。
⑤自己決定権…自分の生き方は自分で決定することができる権利のこと。医療技術の進展にともない，身体や家族の形成などの場面において問題となる。

アプローチ　男女共同参画社会の実現に向けて　教 p.52~53

1　法改正による男女格差の是正措置

①<u>男女共同参画社会</u>…男性も女性も，意欲や能力に応じてさまざまな活動に従事する機会が確保され，さまざまな利益を享受することができ，かつともに責任を担うべき社会。

②<u>男女格差是正措置の動向</u>

　　▶女子差別撤廃条約…国連で採択された，女性差別是正のための条約。日本はこれに批准するため，1985年に男女雇用機会均等法を成立させ，1999年には男女共同参画社会基本法を成立させた。

❤ 女性の年齢別労働力率の国際比較(ILO資料)

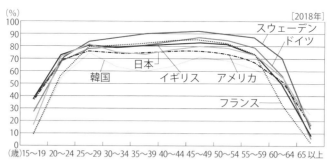

2　日本の男女格差の実態

①日本のジェンダー・ギャップ指数(Gender Gap Index, GGI)

　　→153か国中121位(2019年)であり，先進国のなかで最低水準。

　　▶ジェンダー・ギャップ指数(Gender Gap Index, GGI)…経済，政治，教育，健康の4分野で女性の地位を分析して順位を定めたもの。

　　▶ジェンダー…文化的・社会的につくられた性別のこと。

3　あらゆる人が活躍できる社会へ

①<u>ポジティブ・アクションとしてのクオータ制</u>…議員や管理職の定員に対して一定の女性枠を割り当て，歴史的に差別されてきた女性に対し優遇措置をとること。

　　→ノルウェーで1970年代に初の女性首相であるベリット・オースが導入したことから，同国がクオータ制発祥の国といわれる。

　　→現在では120か国以上で導入されている。

②<u>政治分野の男女共同参画推進法</u>…2018年に政治分野における男女共同参画を推進するために日本で成立した法律。

　　→法的拘束力はなく，努力目標にとどまる。

③ジェンダーの固定観念にとらわれない環境づくり

　　▶「パタニティ・ハラスメント」…男性の育児休暇取得に対するいやがらせを行うこと。

　　　→企業における社内制度の見直しや管理職への研修などを行い，ジェンダーの固定観念にとらわれない環境を整備することが求められる。

☑ 重要用語チェック！❸

(1)	自分の利益を最優先に考える人々が，その利益を追求するあまり協働の利益を失ってしまう状況のこと。
(2)	一方を得ようとすると，一方を犠牲にしなければならないという関係のこと。
(3)	相手が裏切らない限り協力し，相手が裏切った時点で，それ以降全く協力しないという行動の選択のこと。
(4)	支配者といえども法に拘束されるという考え方。
(5)	憲法にもとづいて政治が行われ，それによって個々人の権利が守られるしくみ。
(6)	人が国家権力による不当な介入を受けず，また社会的身分にかかわらず自由に行動できるという権利。
(7)	人々の人間らしい生活を保障することを国家に求めることができる権利。
(8)	国政の最終決定権は国民がもつということ。日本国憲法の三大原理の一つ。
(9)	国民が政治決定に関与し，権利の実現を図る権利。
(10)	各人が自己保存のために行動する自然状態を「万人の万人に対する闘争」と表現し，個人は闘争の恐怖と平和の欲求によって自然権を全面的に権力者(君主)へ譲渡するという社会契約を説いたイギリスの思想家。
(11)	人民は自然権を譲渡する形で社会契約による共同体を構築し，自分たちを個々の利己的な意志をこえた共同体の意志としての一般意志のもとにおくとしたフランスの思想家。
(12)	ある特定の法律が憲法に違反するかどうかを審査することができるという権利。
(13)	2007年に成立した，憲法改正の手続きを定めた法律。18歳以上の国民に投票権を認め，最低投票率は定めていない。
(14)	基本的人権の行使が他者の基本的人権と衝突する場合の調整原理。
(15)	男性も女性も，意欲や能力に応じてさまざまな活動に従事する機会が確保され，さまざまな利益を享受し，かつともに責任を担うべき社会。
(16)	ジェンダー，人種などにおける積極的差別是正措置のこと。

［解答→p.166］

演習問題 ❸

1 次の文中の①〜④にあてはまる語句を答えよ。

　市場では，個人の所有する物に（① 　　　　　　　）がつけられ，需要と供給のバランスにより，強制力を行使することなく（② 　　　　　　　）が調整される。しかし，常に市場が完全に機能するとも言えないし，完全に機能したとしても人々に平等な結果をもたらすとも言えない。そこでわれわれは，市場の（③ 　　　　　　　）性と社会全体の（④ 　　　　　　　）性のトレードオフを迫られる。

2 次の文中の①〜③にあてはまる語句を答えよ。

　立憲主義は，中世ヨーロッパで君主の権力を議会などが制限する原理として誕生した。その後，1789年の（① 　　　　　　　）などの市民革命をへて，国民を代表する合議体である（② 　　　　　　）などであっても（③ 　　　　　　）によってその権力が制限されるという原理として確立した。権力をしばるという点で立憲主義は「法の支配」の延長線上といえる。

3 次の問いに答えよ。

(1)　政治的自由の確立のためには統治のための各権力を分立させることが必要であるとした，フランスの思想家はだれか。　　　　　　　　　　（　　　　　　　）

(2)　あらかじめ政府の権力行使の方法や国家組織などを規定した，法律よりも変えにくい憲法のことを何というか。　　　　　　　　　　　（　　　　　　　）

4 次の文中の①〜⑤にあてはまる語句を答えよ。なお，②・④については下の語群から選べ。

　憲法改正は，日本国憲法第（① 　　　　　　　）条によると，衆参各議院の総議員の（② 　　　　　　　）の賛成によって国会が（③ 　　　　　　　）し，国民投票においてその（④ 　　　　　　）の賛成によって承認される。その後，（⑤ 　　　　　　　）が国民の名で公布する。

〔語群〕　4分の1以上　　3分の1以上　　過半数　　3分の2以上　　4分の3以上

5 次の問いに答えよ。

(1)　次のア〜カのうち，精神の自由の具体例として**適切でないもの**を選びなさい。なお，答えは一つとは限らない。　　　　　　　　　　　　　（　　　　　　　）

ア　いかなる宗教を信仰してもよいし，いかなる宗教的行為も強制されない自由

イ　意見，主張を同じくする人々が集まり社会に意見を表明する自由

ウ　生活の基盤となる住居を決めたり，引っ越しをしたりする自由

エ　内心ではいかなる主義や思想をもっていてもよいという自由

オ　自分に都合の悪い供述を強制されない自由

カ　自分のつきたい職業につく自由

(2) 次のア〜オのうち，国民の義務として適切なものを選べ。なお，答えは一つとは限らない。　　　　　　　　　　　　　　（　　　　　　　　）
　ア　納税の義務
　イ　兵役の義務
　ウ　子どもに普通教育を受けさせる義務
　エ　勤労の義務
　オ　選挙に行く義務

6 次の文中の①〜③にあてはまる語句を答えよ。
　日本国憲法には明文では規定されていないが，憲法上の権利として保障されるべきと主張される人権を(①　　　　　　　)という。たとえば，良好な生活環境を求める権利である(②　　　　　　　)権や，自らの個人情報をみだりに公開されない権利・そして自分についての情報をコントロールできる権利である(③　　　　　　　)の権利などがそれである。

7 次の問いに答えよ。
(1) 16世紀〜17世紀のヨーロッパでとなえられた，王の権力は神によって与えられたものであり，王は神に対してのみ責任を負うという考え方を何というか。
　　　　　　　　　　　　　　　　　　　　　　　　（　　　　　　　　）
(2) 王の権力を絶対視する絶対王政に対し，自由で平等な存在としての人間によって統治を行うべきとする考えから起こった革命のことを何というか。
　　　　　　　　　　　　　　　　　　　　　　　　（　　　　　　　　）

8 次の文中の①〜③に当てはまる語句を答えよ。
　男女共同参画社会の実現のためには，さまざまな分野で男女格差を是正しなければならない。これに向けた動きとして，国際社会では1979年に(①　　　　　　　)条約が採択された。日本では，これに批准するため，1985年に(②　　　　　　　)法を成立させ，1999年には(③　　　　　　　)法を成立させた。

9 次の文中の①〜③にあてはまる語句を答えよ。
　社会的に形成された性別のことを(①　　　　　　　)という。日本は，(　①　)・ギャップ指数が先進国のなかでも低い水準であり，この是正が叫ばれている。性別によって差別することは「すべて国民は，法の下に平等であって，人種，信条，性別，社会的身分又は門地により，政治的，経済的又は社会的関係において，差別されない」としている日本国憲法の第(②　　　　　　　)条の１項にも反するからである。ちなみに憲法ではこの法の下の平等の他に，第(③　　　　　　　)条で両性の本質的平等も改めて規定している。これは，歴史的に女性が男性よりも不利な立場におかれていたことに由来している。

［解答→p.166］

第2部　自立した主体として社会に参画する私たち

第1章　民主政治と私たち
教科書 p.58~83

テーマ1　民主政治と政治参加 ➡ 教 p.58~83

1 私たちの民主政治

政治とは何か

①政治…「私たち」がかかわる問題について，ルールや政策を意思決定する活動。

対象	政治単位
国民	国家
地域住民	地方公共団体(地方自治体)

- ▶政策…政府や政党などの政治上の基本方針や方策のこと。
  - →政治による決定は強制力(政治権力)をもつことになる。
- ▶政治権力…政治上の決定にともなって行使される権力のこと。
- 🧍マックス・ウェーバー…ドイツの社会学者。ウェーバーは権力による支配の正当性を
  つぎのように分類した。
  - ▶伝統的支配…伝統や慣習にもとづくもの。
  - ▶カリスマ的支配…ナポレオンなど，超人的な資質(カリスマ)をもつ者によるもの。
  - ▶合法的支配…正当な手続きによって制定された法規範によるもの。

民主主義の具体像

①民主主義…地域社会，学校，クラブ，国際社会など国会以外でも行われる。
②民主主義とのかかわりの例…投票，政治家への請願や陳情，献金，寄付，署名活動，
集会・討論会やデモへの参加，市民討議会，住民運動や社会運動への参加。
- →投票には国政や地方公共団体の選挙，憲法改正の国民投票，最高裁判所裁判官の国
  民審査，住民投票などがある。
- ▶社会運動…社会問題の解決などを求めて，集団的に行われる運動のこと。かつては
  労働環境の改善などを求めた労働運動や社会主義運動が中心だった。1960年代以降
  は核廃絶やマイノリティの権利保護など目的が多様化した。
③民主主義以外の政治…民主主義とは異なり，一人または少数の支配者が政治決定を行
う方法もある。
- ▶専制政治…一人または少数の支配者が，人民の意思や法にとらわれずに恣意的な政
  治をすること。

現代の民主主義の課題

①20世紀の政治のしくみ
- ▶民主主義の時代…名望家(社会的地位が高く，教養や財産をもつ有力者)による政治
  から，普通選挙の実現などによって大衆民主主義へ変化。

▶社会主義体制…経済の運営を国家が独裁的に行う計画経済を念頭に置いた政治体制。代表制民主主義とは異なる政治のしくみとして台頭。

▶ファシズム…fascio（束）を語源とすることばで，極端なナショナリズムを指す。国民の自由や権利よりも国家全体の利益を優先する政治のあり方で，ムッソリーニによるファシスト党やドイツのヒトラーによるナチズムがこれにあたる。

②現代の民主主義の課題…政治への関心の低下が浮き彫りになっている。

▶**無党派層**…特定の支持政党をもたない人々のこと。日本では1970年代から増加し，90年代には有権者の半数に到達。増加の原因には，従来の利益団体や労働組合による政党支持のしくみの崩壊，政党自体の離合集散などにより**政党**と**有権者**の結びつきが薄れたことが考えられる。

▶**政治的無関心層**…政治について関心のない人たちのこと。アメリカの社会学者リースマンによれば政治的無知による「伝統的無関心」と，政治的知識はもちながらも政治に対して冷笑的な態度をとる「現代型無関心」に分類できるという。

　→政党や政治家への信頼が低下。

　→**ポピュリズム**の台頭。

▶独裁的権力の支持…民主主義を尊重するよりも強力なリーダーを熱望したり，**軍事政権**を支持したりする声もある。

▶民主主義の維持…民主主義は，つねに自然に成立しているものではないので，その維持には不断の努力が必要。

▶ポピュリズム…大衆迎合主義などとよばれる政治的立場。大衆の意見を代表するとしながらも特定の対象を「敵」として想定して反感を煽るスタイルをとることが多い。

▶軍事政権…政党や政治家に代わって軍隊が権力を握り，政治を行うこと。

声をあげる若者たち

①グローバル気候マーチ…2019年9月に行われた国連気候行動サミットに向けて，各国政府に地球温暖化対策の強化を求めて行われたもの。

　→185か国以上で約760万人が参加したとされる。

　→このように，若者たちの意思表示が世界各国で行われている。

2 地方自治のしくみと役割

地方自治と民主主義

①**地方自治**は「**民主主義の学校**」…地方自治への参加は，住民にとって身近な政治参加であり，地方自治から民主主義について学ぶことを指すブライスのことば。

> ▶地方自治の本旨…日本国憲法第92条で規定されている地方自治の基本原則。

②地方自治の二側面…**団体自治**と**住民自治**。

> ▶団体自治…地方公共団体（地方自治体）の事務（仕事）が政府から独立して行われる。

> ▶住民自治…住民の手によって地方自治が運営される。

③間接民主制的な地方自治のしくみ

> ▶**二元代表制**…首長と議会がともに住民による直接選挙で選出され，それぞれが住民を代表する制度。

> ▶**首長**…都道府県知事や市町村長のこと。

> ▶**議会**…都道府県議会や市町村議会のこと。

> | 首長と議会の議員は，住民による選挙で選出される。

> ▶首長と議会の関係…抑制・均衡。

> →議会は首長の不信任決議権をもち，首長は議会の解散権や拒否権（再議権）をもつ。

④直接民主制的な地方自治のしくみ

> ▶住民の**直接請求権**…**条例の制定・改廃**（イニシアティブ），首長や議員その他の役員の解職（リコール）を求めることができるという権利。

> ▶**住民投票**（レファレンダム）…具体的な政策の是非を住民に問う投票のこと。

◆ 直接請求の方法

事項	必要署名数	請求先	取り扱い
条例の制定・改廃の請求	（有権者の）1/50以上	首長	首長が20日以内に議会にかけ，結果を公表
事務監査請求	1/50以上	監査委員	監査の結果を公表し，議会や首長に報告
議会の解散請求	1/3以上*	選挙管理委員会	住民投票の結果，過半数の賛成があれば解散
解職請求 議員・首長	1/3以上*	選挙管理委員会	住民投票の結果，過半数の賛成があれば失職
解職請求 主要公務員（副知事・副市町村長など）	1/3以上*	首長	議会（2/3以上出席）にかけ，その3/4以上の賛成があれば失職

* 有権者が40万人（80万人）以上の場合は，40万人（80万人）をこえる分については1/6（1/8）以上

◆ 地方自治の機構

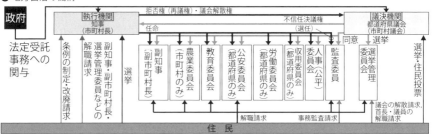

地方財政のしくみと課題

①<u>シビル・ミニマム</u>…住民の最低限度の生活水準のこと。このような住民の生活を守る仕事はおもに地方公共団体によって行われる。

②<u>三割自治</u>…地方公共団体の財源のうち，地方税などの地方財源が歳入の3割程度しかなく，それ以外は中央政府からの地方交付税や国庫支出金に依存する状態。

→さらに**機関委任事務**(中央政府が地方に代行させる仕事)の多さが中央集権的とされてきた。

③<u>地方分権</u>…1999年，**地方分権一括法**の成立。

→地方公共団体の事務は**自治事務**と**法定受託事務**に整理。**市町村合併**も進展。

→機関委任事務は廃止。

▶自治事務…地方公共団体が自治的に処理する事務のこと。

▶法定受託事務…本来は国が果たすべきものであるが，法令により地方公共団体がこれを処理することとされる事務の仕事のこと。

▶「**三位一体改革**」…補助金の削減，税源の地方への移譲，地方交付税の見直しの3点を一挙に行う改革のこと。国税である所得税の一部を削ってそれを住民税として賦課することで税源の移譲をはかるなどした。

▶「**ふるさと納税**」…2008年に誕生した，納税者は任意に選んだ自治体に対して，住民税・所得税の一部を寄付する制度。各地の特色を生かした返礼品が話題となった。

住民参加の地方自治へ

①<u>住民運動の展開</u>…ごみ処理場建設，米軍基地問題，原子力発電所の立地など，そのときの課題に対し各地で行われてきた。

→住民の民意の確認には，**住民投票**が行われることもある。

▶NIMBY問題…社会的に必要な事業に対して，自らの居住地域で行うことに反対する住民の姿勢。「Not In My Back Yard（わが家の裏庭ではやらないで）」の頭文字。

②<u>**オンブズマン制度**</u>…オンブズマンとは**行政監察官**のこと。地方公共団体による行政活動を監視し，行政活動に対する苦情などを受けつけて調査などを行う。

③<u>地方公共団体と連携する住民の活動</u>…国際交流，観光などの**まちづくり**にかかわる活動や**防災活動**などは地方公共団体と住民の協力が不可欠である。

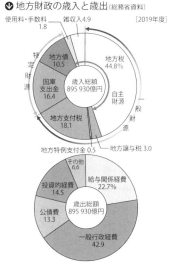

◆地方財政の歳入と歳出(総務省資料)

使用料・手数料　雑収入4.9
1.8
[2019年度]

地方債
10.5

国庫
支出金
16.4

地方税
44.8%

歳入総額
895 930億円

自主
財源

一般財源

地方交付税
18.1

地方特例交付金 0.5　地方譲与税 3.0

その他
6.6

投資的経費
14.5

給与関係経費
22.7%

公債費
13.3

歳出総額
895 930億円

一般行政経費
42.9

アプローチ　条例について知ろう　教 **p.66**

1　条例とは何か
- ▶ 条例…地方公共団体が定めることができる，地方独自のルールのこと。

2　条例の制定
①議会による条例の制定・改廃
- ▶ 議案の提出…首長および議員が提出可能。
- ▶ 議決…条例案は議会の出席議員の過半数で決定。
- ▶ 公布…条例の議決があった日から3日以内に地方公共団体の首長に送付。
  - →再議などの必要がなければその日から20日以内に公布。

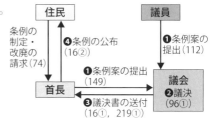

🔴 条例の制定手続き（※数字は地方自治法の条項）

②首長の拒否権
- ▶ 条例の議決があっても首長が公布せず，10日以内に理由を記して再議に付す。
  - →その場合，改めて議会で2/3以上の賛成をもって再可決の必要がある。

③直接請求による条例の制定・改廃
- ▶ 有権者はその総数の1/50以上の連署で首長に対し，条例の制定・改廃を請求可能。
- ▶ 首長は直ちに請求の要旨を公表し，請求を受理した日から20日以内に議会を招集してその結果を公表しなければならない。

アプローチ　住民投票を考える　教 **p.67**

1　住民投票とは何か
- ▶ 住民投票の種類
- • 当該地方公共団体のみに適用される地方特別法の制定の可否を問うもの（憲法第95条）。
- • 地方議会の解散や首長，議員などに対する解職（リコール）など直接請求についての賛否を問うもの。
- • 地方公共団体が定める条例にもとづいて行われるもの。

🔴 条例によって実施されたおもな住民投票

2　条例にもとづく住民投票
…地方公共団体にとっての重要な問題について，地域住民の直接投票によって住民の意思を把握し，政策決定の参考にするための制度で法的拘束力はない。個別設置型住民投票と常設型住民投票の2種類がある。

3　住民投票と代表制
- ▶ 住民投票は，中央集権志向が強い日本ではあまり重視されてこなかった。
  - →近年，代表制を補うものとして肯定的にとらえる動きも強まっている。

③ 国会のしくみと役割

三権分立と国会の地位

①**三権分立**…国家権力の暴走をふせぐために，**立法**，**行政**，**司法**の各権力を代表する機関がたがいに抑制しあうようにすること。

②国会の地位…国会は国民主権のもと，主権者である国民の代表者で構成される機関であることから，憲法で「**国権の最高機関**であつて，国の**唯一の立法機関**である」（憲法第41条）と規定されている。

⬇日本国憲法における三権分立のしくみ

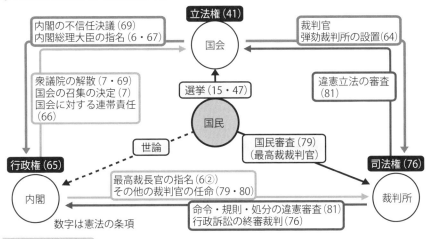

数字は憲法の条項

国会の役割と権限

①**二院制**…国会は**衆議院**，**参議院**の二院からなる。

②国会の役割…立法（法律をつくること，憲法第41条・第59条），予算の承認（憲法第60条），条約締結の承認（憲法第61条）など。

③国会の権限

- 内閣総理大臣の指名（憲法第67条）
  …議院内閣制による。
- **内閣不信任**決議（衆議院のみ，憲法第69条）
- **国政調査権**（憲法第62条）
- **弾劾裁判所**の設置（憲法第64条）
- **憲法改正**の発議（憲法第96条）
  …衆議院と参議院それぞれの総議員の3分の2以上の賛成で憲法改正の発議ができる。
- 会期中の**不逮捕特権**（憲法第50条）
- **免責特権**（第51条）
  …院内の発言や表決について院外で責任を問われない権利。

⬇国会の種類

常会 （通常国会）	毎年1回，1月に召集。会期は150日間（憲法第52条）。
臨時会 （臨時国会）	内閣，またはいずれかの議院の総議員の1/4以上の要求で召集（憲法第53条）。
特別会 （特別国会）	衆議院解散による衆議院議員選挙から30日以内に召集（憲法第54条）。
参議院の 緊急集会	衆議院解散中に緊急の必要がある際に内閣の要求で開催（憲法第54条）。

🔽 国会の組織

＊参議院の定数は2022年7月に248
（比例代表100, 選挙区148）になる。

国会の構成と運営

①国会議員の任期

▶衆議院議員…任期は4年で，任期満了前に**解散**されることが多い。

▶参議院議員…任期は6年で，3年ごとに半数が改選され，解散はなし。

②**衆議院の優越**…優越の背景として，衆議院は任期が短く，解散の可能性があることから，そのときどきの民意を反映しやすいため。

▶法律案（憲法第59条）…衆議院で可決した法律案が参議院で否決された場合，衆議院の出席議員の3分の2以上の賛成による再可決で成立する。

▶予算の議決（憲法第60条），条約の承認（憲法第61条），内閣総理大臣の指名（憲法第67条）…**両院協議会**の開催。

　→一致しない場合は衆議院の議決が国会の議決になる。

▶両院協議会…国会で衆議院と参議院の議決が異なった場合に設置される協議機関。法律案の議決については任意的開催，予算の議決，条約の承認，内閣総理大臣の指名については必要的開催（必ず開かなければならない）。

③国会の構成

▶**55年体制**…1955年から1993年まで続いた，与党が自由民主党であり日本社会党が野党第一党であった体制のこと。

▶**ねじれ国会**…衆議院と参議院とで多数派の党が異なる現象のこと。

④審議の方法…実質的な審議は委員会（予算委員会などの**常任委員会**や特別委員会）で行い，議決する。

　→**本会議**に上程→本会議での最終的な議決。

▶特別委員会…国会法第45条を根拠規定とし，院が必要と認めた案件について審議するために臨時に設置される委員会のこと。

▶**政府委員**制度…国会で官僚が大臣にかわり答弁する制度。1999年に制定された**国会審議活性化法**により廃止され，かわりに政府特別補佐人や政府参考人などが答弁する制度が設けられた。また，首相と野党党首による**党首討論**も導入。

❤ 法律の成立過程

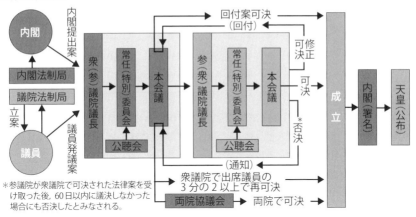

*参議院が衆議院で可決された法律案を受け取った後，60日以内に議決しなかった場合にも否決したとみなされる。

4 内閣のしくみと役割

内閣と国会との関係

①**内閣**…立法権をもつ国会が定めた法律にもとづいて政策を具体的に実行する，**行政権**をもつ機関のこと。内閣の政治的な基盤は国会にある。

▶**内閣総理大臣**(**首相**)…国会で指名される(憲法第67条)。内閣総理大臣は，内閣の首長として，**国務大臣**を任命(憲法第68条)して内閣を組織する。

　→衆議院で内閣不信任案が可決された場合，内閣は**総辞職**するか10日以内に衆議院を**解散**する(憲法第69条)。

　→不信任決議とは別に，内閣総理大臣は憲法第7条にもとづいて，衆議院を解散することも可能。

▶**国務大臣**…内閣のおもな構成員で各省庁の長官であることが多い。国務大臣の過半数は国会議員のなかから選ばれなければならず(憲法第68条)，また人数は14人以内(内閣法，ただし特別に必要のある場合は17人，復興庁などが置かれている間は19人)とされている。

▶**内閣官房長官**…「首相の女房役」ともよばれ，首相に近く，調整能力が高い人が起用される。1日2回の記者会見で，内閣の政策に関する公式見解を発表するほか，内閣の意思決定を行う閣議の進行，省庁にまたがる政策の調整，与党や国会との折衝，危機管理など広範な役割がある。

②**閣議**…内閣の構成員による合議体。行政の運営などについて決定し，国会に対して連帯して責任を負う(憲法第66条)。

　→原則は全会一致で決定。内閣総理大臣は国務大臣を罷免する権限をもつ(憲法第68条)。

内閣の役割と行政組織

①内閣の役割

- 省庁などを率いて法律の執行や外交関係の処理，予算編成などの行政権の行使を行う。
- 天皇の**国事行為**に対する**助言と承認**も内閣の責任のもと行われる。
- 最高裁判所長官を指名し，そのほかの裁判官を任命する。
- **政令**を発する。
- ▶国事行為…天皇による，政治的な権能をもたない儀礼的な行為のこと。
  - →この国事行為を行うには，内閣の助言と承認が必要である（憲法第3条・第7条など）。
- ▶政令…内閣が発する，法律を適用するために必要な規則・命令のこと。

②行政組織…内閣のもとには，人事院や**行政委員会**が設置され，内閣から独立して実務を担当する。

- →現在は「**1府12省庁**」体制で運営。
- ▶行政委員会…特定の分野における行政権の行使をする合議体のこと。公正取引委員会，国家公安委員会，個人情報保護委員会，中央労働委員会など。

③政治主導のしくみ…内閣官房に首相補佐官などが設置され，首相が公務員以外の人材を自由に登用することで，各省庁の**公務員（官僚）**に対する指導力を強化。

- →各省にも**副大臣・大臣政務官**を設置（大臣と合わせて**政務三役**）。

↓内閣の権限と国会・裁判所との関係

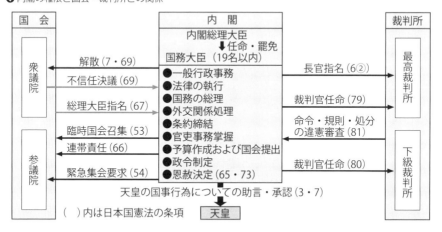

◆日本のおもな行政機構

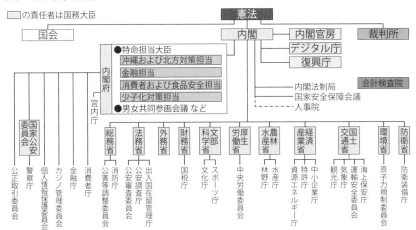

行政国家化と行政改革

①**行政国家の時代**…国家において，国民に対する公共サービスの提供などが増大し行政権が拡大した時代のこと。

→専門知識を有する公務員（官僚）が政策の実施だけでなく政策の決定においても大きな役割を果たすようになった。

→法律の実施の際に必要な命令や規則は，行政機関に任されるようになった（**委任立法**）。

②**官僚制の弊害**（へいがい）

▶官僚制…上下の指揮命令系統によって巨大な組織を効率的に支配するしくみ。

　→「行政国家における公務員（官僚）の支配」という意味でも使用されている。

　→政・官・業（政治家・官僚・業界団体）の癒着が発生。

　→**「天下り」**（あまくだり），事なかれ主義，セクショナリズム，秘密主義などの弊害が生じる。

▶天下り…退職した公務員（官僚）が，元の職場である省庁のあっせんによって関係する民間企業や**独立行政法人**などへ再就職すること。そこで省庁との人的結合が生まれ，さらに癒着が強化されて行政の監視が機能しなくなるなどの弊害がある。

◆議員立法と政府立法の推移（内閣府法制局資料）

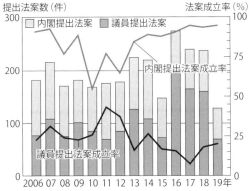

③行政改革の必要性

→行政のむだの排除，経済活動の**規制緩和**，**行政指導**による官僚の影響力の排除など
を求める声。

→**行政手続法**や**情報公開法**の制定により，許認可行政や行政指導などへの透明性を確
保。

→**国家公務員倫理法**の制定により公務員の規律を再強化。

▶行政手続法…1993年に制定された法律。行政処分や行政指導などにおいて，行政機
関がとるべき手続きが細かく規定されている。

▶情報公開法…1999年に制定された法律。国民の知る権利に資するため，また国民に
対する説明責任を全うするため，行政機関や独立行政法人が保有する情報について
の開示請求権などについて規定。

▶国家公務員倫理法…1999年に制定された法律。公務員は全体の奉仕者であって一部
の奉仕者ではないという日本国憲法の規定（第15条）を全うするため，国家公務員の
不正行為や職務執行の公正さを確保するために制定された。

→各省の幹部人事を内閣主導で決する内閣人事局も2014年に新設。

ゼミナール 世界の政治体制 教 p.72~73

議院内閣制

①議院内閣制…内閣の存立要件を議会(議院)の信任であるとし,内閣は議会に対して連帯責任を負うこととする制度。

→行政府(内閣)と立法府(国会)との関係は密接になる。

②イギリスの政治体制

→イギリスは国王を国家元首とする立憲君主制をとるが,同時に議院内閣制も採用する。

→イギリスでは議会の権限が強く,また議会法により下院優位の原則が確立している。

→議会では与野党が明確な対立をもとに政党政治が行われており,野党は影の内閣(シャドー・キャビネット)を組織し,政権交代に備える。

◆イギリスの政治のしくみ

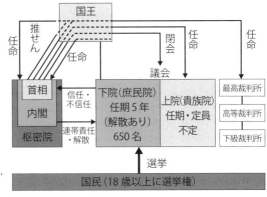

権力集中制

①権力集中制…単一政党が国政全般を支配する体制。

→ロシア革命以来,計画経済(国家が計画的に経済を運営する)を主軸とする社会主義体制が各国で成立。

→共産党が全権力を握り,独裁的な政治を行うも,1980年代以降は自由化と民主化の動きが高まる。

→中国は現在も社会主義体制を維持。

②中国の政治体制

→最高意思決定機関は全国人民代表大会(全人代)。

→全人代は,立法,予算の承認,憲法改正など広範な権限をもち,その代表である国家主席もここで選出される。

→国家主席は,憲法上は象徴的な存在とされるが,中国共産党の最高指導者がこれを兼務するという事情から事実上の最高権力者とされる。

◆中国の政治のしくみ(内閣府法制局資料)

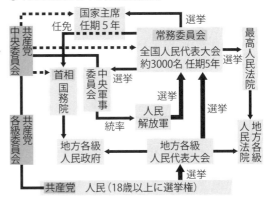

大統領制

①**大統領制**…大統領と立法府の議員を国民が選挙する体制。徹底された権力分立となる。

　→大統領制では，大統領と議会多数派の意見が異なる場合に両者の対立が激化しやすいことから，フランスでは大統領制に議院内閣制を組みこむ工夫がなされている。

②アメリカの政治体制

　→アメリカ大統領は，大統領選挙人を通じた間接選挙によって選出される。

　→選出された大統領は，軍の最高司令官としての立場や条約の締結権などはもつが，一方で議会に対しては解散権や法案提出権はもたない。

　→大統領が議会に対してもつのは法案に対する**拒否権**や**教書送付権**にとどまる。

❷ アメリカの政治のしくみ

　→議会には立法権，予算議決権，法案再可決権などがあり，これに加えて上院には大統領の条約締結や高官の任命への同意権，下院には予算先議権が認められている。

開発独裁とイスラーム諸国の政治体制

①**開発独裁**…経済開発のためには強いリーダーシップが必要であるとして，国民の政治参加などを制限して独裁を正当化すること。

　→第二次世界大戦後に独立した国々では貧困などの問題を抱え，アジアやラテンアメリカなどではこのような傾向をもった独裁政権が誕生した。

　→独裁政権においてはしばしば人権が蹂躙されてきたが、2011年前後の「アラブの春」のように民主化運動が勃興したこともあった。

②宗教と政治

　→アジアからアフリカのイスラーム圏では、自由民主主義体制に近いトルコから王政を採るサウジアラビアまでさまざまな政治体制が存在する。

　→政治と宗教の関係については、両者を完全に分離すべきとの立場や一体としてよいとする立場がある。

　→西洋的な考えを排除する考え(イスラム原理主義)は大きな潮流となっている。

5 政治参加と選挙

政治参加のさまざまな方法

①政治参加の方法…代表的な選挙以外にも請願，陳情，ロビイング，署名活動，集会・討論会への参加，デモ，住民投票などさまざまな方法がある。

民主政治と選挙制度

①選挙の4原則

▶**普通選挙**…成人が性別や納税額に関係なく一人一票をもつ選挙。

→日本では選挙権年齢が2015年より18歳に引き下げられた。

▶**平等選挙**…一票の価値が平等である選挙。

▶**秘密選挙**…だれがだれに投票したかをだれにも知られない選挙。

▶**直接選挙**…有権者が投票所などにおいて自分で投票できる選挙。

↓ 選挙権の拡大

年	年齢性別	納税額 （直接国税）	総人口に対する 有権者数比率
1889 （明治22）	25歳以上 の男子	15円以上	1.13% （1890年）
1900 （明治33）	〃	10円以上	2.18% （1902年）
1919 （大正8）	〃	3円以上	5.50% （1920年）
1925 （大正14）	〃	制限なし （普通選挙）	19.98% （1928年）
1945 （昭和20）	20歳以上 の男女	〃	48.65% （1946年）
2015 （平成27）	18歳以上 の男女	〃	83.63% （2016年）

②選挙制度の種類

▶**小選挙区制**…一つの選挙区から一人の当選者を選出する制度。

→二大政党制になりやすく，選挙がそのまま政権選択の性格をもちやすい。

→その一方で**死票**が多いため，少数意見の反映が困難。

▶**大選挙区制**…一つの選挙区から二人以上の当選者を選出する制度。

→**比例代表制**はこのなかの一つ。

▶**比例代表制**…おもに政党の名前で投票し，各党の得票数に応じて議席を配分する制度。小政党や新政党も議席を獲得しやすく，**連立政権**が成立しやすい。

→多様な意見を反映しやすいものの，小党分立状態を生みやすく政権が安定しない。

日本の選挙制度と課題

①衆議院議員選挙

→日本の衆議院議員選挙は従来，大選挙区制を採用（日本の場合は**中選挙区制**と呼称）。

→1994年，**小選挙区比例代表並立制**を導入。

▶**小選挙区比例代表並立制**…小選挙区選挙と比例代表選挙を組み合わせる選挙方式。

→同時期に小選挙区と比例代表の両方に立候補できる制度（**重複立候補制度**）も導入されたことから，政党中心の選挙となることが期待された。

②参議院議員選挙

→原則都道府県を単位とする選挙区制と全国区の比例代表制を採用。

→比例代表制は一部を除いて**非拘束名簿式**を採用。

▶非拘束名簿式…各政党が順位を決めずに候補者名簿を作成し，有権者は候補者の名前もしくは政党名で投票する方式。候補者名の得票数と政党名の得票数を組み合わせて個人としての得票数が多い候補者から当選する。

③**選挙管理委員会**…選挙が正しく行われるよう事務を担当する組織。
　→選挙管理委員会が**公職選挙法**にもとづいて，国会議員や地方公共団体の首長・議員の選挙を行う。

④選挙制度の課題
　▶一票の格差…選挙区ごとの議員一人あたりの有権者数の差によって，一票の価値に格差が生じること。
　　→2017年の衆議院議員選挙では最大1.98倍，2019年の参議院議員選挙では3.00倍であった。一票のもつ価値に差が出ることは，平等選挙の観点から問題であり，裁判所も違憲状態の判断を複数行っている。

▶投票率の低下…有権者全体に占める，実際に投票する人の割合が低下していること。
　→対策…期日前投票制度の導入やインターネットでの選挙運動の解禁など。

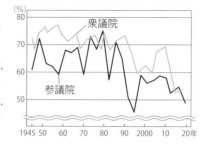

◆ 衆議院議員選挙の議員定数
投票は小選挙区と比例代表の二制で行われる。
数字は小選挙区の都道府県別選挙区数

北海道 8
—比例代表のブロックと定数
北海道 8
北陸信越 11
中国 11　近畿 28　東北 13
九州 20
北関東 19
東京都 17
四国 6　東海 21　南関東 22

◆ 国政選挙における投票率の推移（総務省資料）
衆議院
参議院
1945 50　60　70　80　90 2000　10　20年

◆ 衆議院と参議院の選挙制度

	衆議院〔小選挙区比例代表並立制〕（465名，任期4年，解散あり）		参議院（245名，任期6年，3年ごとに半数を改選）	
被選挙権	25歳以上		30歳以上	
選挙の種類	小選挙区選挙	比例代表選挙〔拘束名簿式〕	選挙区選挙	比例代表選挙〔非拘束（一部拘束）名簿式〕
定数	289名	176名	147名（74名改選）	98名（50名改選）
選挙区の数	289	11（ブロック単位）	45（都道府県単位*）	1（全国）
投票のしかた	立候補者名を記入	政党名を記入	立候補者名を記入	政党名か立候補者名を記入
当選者	各選挙区で得票数の1位の者が当選（有効投票数の6分の1以上の得票が必要）	各ブロックごとに，ドント式で各党に議席を配分し，各党の順位の上位者から当選	各選挙区ごとに得票数の上位者から定数が当選　*鳥取県と島根県，徳島県と高知県は合区	政党票と個人票の合計でドント式により議席を配分し，特定枠は名簿順，ほかは個人票の多い順に当選

6 政党と利益集団

政党と民主政治

①**政党**…政治的な主義や意見が近い人が集まり，政権獲得や政策の実現をめざして政治活動を行う集団のこと。人々の意見を政策決定に反映させ，政治的対立軸を明確にする。

　→議会制民主主義においては，選挙で多数の議席を獲得した政党が政権を担当する**与党**となり，それ以外の政党は**野党**として与党の政権運営や政策実現を監視する（**政党政治**）。

②政党政治のあり方

　▶**二大政党制**…英米で発達した政党政治のあり方。有力な二つの政党がたがいに競いながら政権獲得をめざし，政権交代が容易である。

　▶**多党制**…ヨーロッパ大陸などで発達した政党政治のあり方。複数の政党がその都度連立して政権を担う。幅広い意見が政治に反映されやすい。

③日本における政党政治

　▶**55年体制**…1955年より1993年まで続いた自由民主党（自民党）の長期政権時代のこと。自民党と日本社会党（社会党）による二大政党制を現出したが，政権交代をともなうものではなかった。国会における社会党の勢力は，自由党の1/2程度だったため，「$1\frac{1}{2}$政制制」とよばれる。

　▶自公連立政権…自民党と公明党の連立政権のこと。55年体制が終焉したのち，政権交代をへて，自由民主党は公明党などとの連立を必要としながらも再び政権を獲得した。

　▶**政治改革**…自民党の長期政権などによって生みだされた政治腐敗を一新するための一連の施策。派閥政治や金権政治などの政治腐敗を脱するために，小選挙区比例代表並立制の導入，政治資金規正法改正で政治資金の透明化，政党助成法制定による政党交付金の導入などを行った。

❤ 戦後のおもな政党の推移

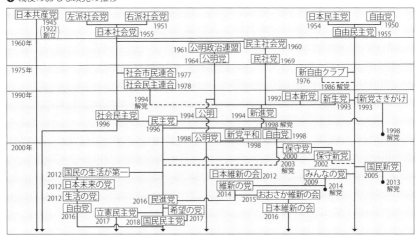

④派閥<ruby>はばつ</ruby>…政党内で利害や主張を同じくする人々が集まった小集団のこと。派閥は，かつ
　ての日本政治において大きな影響力をもち，自民党の長期政権でも自民党総裁（内閣
　総理大臣）を出す派閥が変わることによって，疑似的な政権交代が実現したといわれ
　るほどだった。

さまざまな集団

①<u>利益集団（圧力団体）</u>…特定の利益の実現のため，地域をこえて，また選挙の有無にか
　かわらず政治や行政に働きかける集団のこと。
　→社会の声を政治に反映させる役割があるが，特定の利益だけが過剰に代表され，そ
　　れ以外の声が無視される可能性もある。

②<u>民間非営利組織（NPO）</u>…Non-Profit Organization のことで，利益獲得を目的とせず
　に社会貢献などを行う民間団体。
　→NPO法（特定非営利活動促進法）の成立により活発化している。

政治資金と政治活動

①<u>公職選挙法</u>改正
　→選挙活動における買収や供応などの腐敗が相次いだことから，同法が改正されて政
　　治家の冠婚葬祭などへの寄付が規制された。また連座制が強化された。
　▶連座制…選挙活動において候補者と一定の関係がある者（統括責任者や出納責任者
　　など）が選挙違反を行い罰せられた場合，候補者本人の当選が無効になるほか，当
　　該選挙区からは5年間立候補が禁じられるという制度。

②<u>政治資金規正法</u>改正…政治家個人に対する企業団体献金などを禁止。

③<u>政党助成法</u>の制定…政党に多額の政党交付金を支払う制度で，その財源は税金である。

🔽 政治資金の流れ

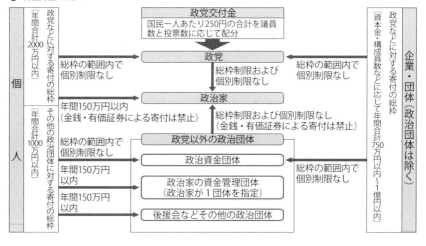

7 メディアと世論

民主主義における世論

①世論(よろん)…世間一般の意見のこと。

　→民主主義においては，選挙だけでなく世論も政治に影響を与える。

　→世論はメディアの報道によって大きく影響を受ける。

　▶世論調査…一般的に標本抽出法によって行われる，市民の意見の調査のこと。

　　→同じ質問であってもその順番や問い方によって回答結果が大きく変化することな
　　　どから，世論操作の道具となることもある。

　▶マスメディア…新聞やテレビ，ラジオなどマスコミュニケーションを行う媒体のこ
　　と。マスは大衆，コミュニケーションは伝達を指す。

　　→大量の情報を不特定多数に伝達でき，個々人間におけるコミュニケーション（パー
　　　ソナル・コミュニケーション）と対比される。

　▶ソーシャルメディア…インターネット上で利用者同士が相互に情報をやりとりする
　　ことで成り立つメディア。

　　→メディアはその影響力の強さから立法，行政，司法について「**第四の権力**」とも称
　　　される。

世論へのメディアの影響

①世論操作…メディアと権力が結びつくことによって世論が権力に都合のよいように操
　作されること。

　例：太平洋戦争中の大本営発表など。

　→近年のアメリカ大統領選挙においても，さま
　　ざまなメディアを通じて大量に情報が発信され
　　る選挙キャンペーンが行われた。

②政治活動の支え…メディアが政治活動の後押し
　をすることがある。

　例：「**アラブの春**」

　▶アラブの春…2011年から2012年にかけて起こ
　　った，エジプトなどアラブ諸国における権威主
　　義体制への抗議活動のこと。**SNS**（ソーシャル・ネットワーキング・サービス）を
　　通じて抗議活動への参加が広くよびかけられた。

❷太平洋戦争中の新聞報道

（朝日新聞社／1942.06.11）

インターネット時代の世論

①インターネット発達の問題点

　▶不正確な情報の普及…ソーシャルメディアにおいては，事前に確認をへなくても情
　　報を発信できることから，「**フェイクニュース**」（虚偽報道）など誤った情報や不正
　　確な情報が拡散される可能性がある。このような情報にもとづく世論が形成される
　　危険性もあり，政治への影響も懸念される。

　▶情報範囲の限定化…インターネットでは，個々人の検索履歴に応じて，興味のあり
　　そうな情報やよく触れる情報がパーソナライズされて提供されるため，得られる情
　　報の範囲が限定される可能性もある。

②**世論の分断化**…世論が極端な意見や立場に分断される可能性がある。

▶エコー・チェンバー（共鳴室）現象…個々人が限定的な情報に接し，価値観が近しい人たちと同調することにより，特定の意見が強化され影響力をもつ現象。

　　→**メディア・リテラシー，情報リテラシー**の重要性。

▶メディア・リテラシー…マスメディアの伝える情報を批判的に検証し読み取るための能力。

　　→メディア・リテラシーには，発信者の立場や解釈が情報の内容そのものに影響するという送り手の問題と，大勢の人間に伝達された際に個々人によって解釈や受け取り方が異なるという受け手の問題がある。

▶情報リテラシー…情報通信技術（ICT）などを通じ，自らが欲しい情報をどのように収集し，それを選択・活用するかという能力。

　　→情報の絶対量が増加したことから，大量・高速に情報が伝達されるようになった現在において，個々人が情報の利用法について工夫する必要がある。また，情報提供についてのマナーやルールも大切である。

ファシズムを生みだしたもの

▶1920年代以降に台頭したファシズム

　　→世界恐慌などに対する大衆の経済的・社会的不安を巧みに利用して大衆の支持を獲得した。

　　→ドイツでは大衆の意見を操作するプロパガンダ（政治的宣伝）が行われ，選挙や国民投票によってナチスが強大な権力をもつに至った。

　　→ヒトラーはゲルマン民族の優越をとなえてユダヤ人という「敵」をつくりだし，強制収容所への収監や大量虐殺（ホロコースト）を行った。

☑ 重要用語チェック！❹

(1)	社会問題の解決などを求めて，集団的に行われる運動のこと。
(2)	fascio(束)を語源とすることばで，極端なナショナリズムを指す。国民の自由や権利よりも国家全体の利益を優先する政治のあり方で，ムッソリーニによるファシスタ党やドイツのヒトラーによるナチスがこれにあたる。
(3)	条例の制定・改廃(イニシアティブ)，首長や議員その他の役員の解職(リコール)を求めることができるという権利。
(4)	住民の最低限度の生活水準のこと。
(5)	地方公共団体が定めることができる，地方独自のルールのこと。
(6)	国家権力の暴走をふせぐために，立法，行政，司法の各権力を代表する機関がたがいに抑制しあうようにすること。
(7)	国会で衆議院と参議院の議決が異なった場合に設置される協議機関。
(8)	天皇による，政治的な権能をもたない儀礼的な行為のこと。
(9)	中国における，人民の最高意思決定機関。
(10)	成人が性別や納税額に関係なく一人一票をもつ選挙。
(11)	一つの選挙区から二人以上の当選者を選出する制度。比例代表制もこのなかのひとつ。
(12)	20世紀半ばから1993年まで続いた自由民主党の長期政権時代のこと。
(13)	利益獲得を目的とせずに社会貢献などを行う民間団体。
(14)	一般的に標本抽出法によって行われる，市民の意見の調査のこと。同じ質問であってもその順番や問い方によって回答結果が大きく変化することなどから，世論操作の道具となることもある。
(15)	マスメディアの伝える情報を批判的に検証し読み取るための能力。発信者の立場や解釈が情報の内容そのものに影響するという送り手の問題と，大勢の人間に伝達された際に個々人によって解釈や受け取り方が異なるという受け手の問題がある。

📝 演習問題 ❹

1 次の文中の①～④にあてはまる語句を答えよ。

政治とは，私たち市民がかかわる問題について，ルールや政策を意思決定する活動である。政府や政党などが行う，政治上の基本方針や方策のことを（①　　　　　　　　　）といい，これをめぐってさまざまな議論がなされることもある。また，政治上の決定にともなって行使される権力のことを（②　　　　　　　　　）といい，政治による決定はこの（　②　）をもつことになる。ドイツの社会学者（③　　　　　　　　　）はこのような支配の正当性を伝統的支配（伝統や慣習にもとづくもの），カリスマ的支配（ナポレオンなど，超人的な資質＝カリスマ性をもつものによるもの），合法的支配（正当な手続きによって制定された法規範によるもの）の3つに分類した。

2 次の文中の①～⑥にあてはまる語句を答えよ。なお，⑤と⑥については適切なものを選べ。

地方自治は「民主主義の（①　　　　　　　　　）」であるとは，政治学者ブライスのことばである。そんな地方自治には（②　　　　　　　　　）と（③　　　　　　　　　）があり，（　②　）は地方公共団体（地方自治体）の事務（仕事）が政府から独立して行われるというもの，（　③　）は住民の手によって地方自治が運営されるというものであり，ともに地方自治の重要な側面である。また，地方自治は都道府県知事や市町村長を意味する（④　　　　　　　　　）と，都道府県議会や市町村議会の議員の双方を（⑤　　直接　・　間接　）選挙で選出し，両者が住民を代表する。このような制度を（⑥　　一元　・　二元　）代表制という。

3 次の文中の①～⑤にあてはまる語句および数字を下の語群から選べ。

条例案は，首長および議員が提出可能であり，議会にかけられた条例案は議会の出席議員の（①　　　　　　　　　）で決定される。そして条例の議決があった日から（②　　　　　　　　　）日以内に地方公共団体の首長に送付される。このとき，首長は拒否権を発動して10日以内に理由を記して再議に付すことができる。この場合，改めて議会で（③　　　　　　　　　）以上の賛成をもって再可決する必要がある。

また，住民の直接請求によって条例の制定・改廃を行うこともできる。有権者はその総数の（④　　　　　　　　　）以上の連署で首長に対し，条例の制定・改廃を請求できる。この請求があれば，首長は直ちに請求の要旨を公表し，請求を受理した日から（⑤　　　　　　　　　）日以内に議会を招集してその結果を公表しなければならない。

> 50分の1　25分の1　10分の1　3分の1　3分の2　過半数
> 1　2　3　7　10　20

4 次の表中のA～Cにあてはまる語句を答えよ。

A	毎年1回，1月に召集。会期は150日間。 （憲法第52条）
B	内閣，またはいずれかの議院の総議員の1/4以上の要求で召集。 （憲法第53条）
C	衆議院解散による衆議院議員選挙から30日以内に召集。 （憲法第54条）
参議院の 緊急集会	衆議院解散中に緊急の必要がある際に内閣の要求で開催。 （憲法第54条）

A（　　　　　　　）　B（　　　　　　　　）　C（　　　　　　　）

5 次の問いに答えよ。

(1) 次のA～Cの各文が表す法律の名称を答えよ。

A　1993年に制定された法律。行政処分や行政指導などにおいて，行政機関がとるべき手続きが細かく規定されている。

B　1999年に制定された法律。国民の知る権利に資するため，また国民に対する説明責任を全うするため，行政機関や独立行政法人が保有する情報についての開示請求権などについて規定している。

C　1999年に制定された法律。公務員は全体の奉仕者であって一部の奉仕者ではないという日本国憲法の規定（第15条）を全うするため，国家公務員の不正行為の防止や職務執行の公正さを確保するために制定された。

A（　　　　　　　）　B（　　　　　　　　）　C（　　　　　　　）

(2) 選挙の原則について説明した次のア～エのうち，正しいものを1つ選べ。

（　　　　　）

ア　成人が性別や納税額に関係なく一人一票をもつ選挙を普通選挙という。日本では選挙権年齢が1990年より18歳に引き下げられた。

イ　一票の価値が平等である選挙を平等選挙という。選挙区ごとに議員一人あたりの有権者数が異なる一票の格差が問題となっている。

ウ　だれがだれに投票したかをだれにも知られない選挙を秘密選挙という。これは日本国憲法にも明文で規定されていないが，重要な原則である。

エ　有権者が投票所などにおいて自分で投票できる選挙を直接選挙という。この原則から，期日前投票は現在認められていない。

［解答→p.166］

第2章 法の働きと私たち

教科書 **p.84~111**

テーマ1　法や規範の意義と役割 ➡ 教 p.84〜91

1 法と社会規範の役割

法と社会規範

①**社会規範**…道徳や慣習，**法**など人々が社会生活を送る際の行動の基準のこと。

②それぞれの社会規範への違反
- ▶道徳…「非常識だ」という道徳的非難がなされる。
- ▶慣習…「社会のしきたりを破った」という社会的非難がなされる。
- ▶法…賠償や刑罰などの**制裁**がなされる（**法の強制力**）。

法の役割

①**社会統制機能**…社会秩序を乱す行為について，刑罰などの制裁を科すことによって社会秩序を維持し，統制する機能。

②**活動促進機能**…契約や会社設立など人々の自由な活動のルールを定め，活動や利害調整を促進する機能。

③**紛争解決機能**…社会で紛争が起こった場合に備え，法的紛争解決の基準や裁判所の紛争解決手続きを確保する機能。

④**資源配分機能**…生活環境，教育，社会保障などの公的サービスの提供や，財の再配分などを規定し，資源配分を行う機能。

法の分類

①自然法と実定法
- ▶**自然法**…人間の自然的理性によって構成されると考えられる規範。
- ▶**実定法**…人間によって制定された法規範。
  - →基本的人権自体は自然法にもとづくが，これを維持するための規範は実定法で規定されている。

②慣習法と制定法
- ▶**慣習法**…ある社会で行われていた慣習が法に変化した法規範。
- ▶**制定法**…明確な文言で規定された法規範。

③公法と私法と社会法
- ▶**公法**…国家の統治のしくみや国家と個人の関係について規定した法規範。
  - 例：憲法，行政法，刑法など。
- ▶**私法**…一般の個人どうしの関係について規定した法規範。
  - 例：民法，商法，会社法など。
- ▶**社会法**…経済的に弱い立場の人々を保護するために制定された法規範。
  - 例：生活保護法，労働基準法，独占禁止法など。

法と社会規範の関係

④一般法と特別法
　　▶**一般法**…広範囲に適用される一般的な法規範。
　　▶**特別法**…特定の分野や範囲を対象として規定される法規範。
　　　→原則として，特別法は一般法に優先して適用される。
⑤国内法と国際法
　　▶**国内法**…国内で適用される法規範。
　　▶**国際法**…国家間の関係を規定する法規範。

　　❤ 法の分類

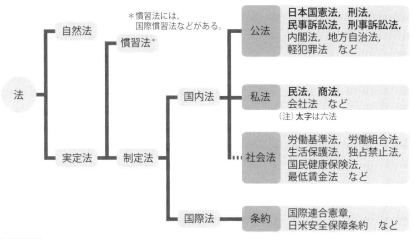

法律の構造

　　▶法律…「〜すると…となる」という形で規定される。
　　　→「〜すると」の部分を**要件**といい，これを満たすことによって生じる「…となる」という結果の部分を**効果**という。
　　　例：「人の身体を傷害した者は，15年以下の懲役又は50万円以下の罰金に処する」
　　　　→要件は「人の身体を傷害」，効果は「15年以下の懲役」または「50万円以下の罰金」
　　　　　（に処する）となる。

2 法の成立と適用

法の成立

①法の成立…すべての法律は国会で議決されて成立する。

　　→法案の提出は内閣が行う場合が多いが，近年は**議員立法**も大きな役割をになう。

　　▶議員立法…議員による法案提出によって行われる法の制定のこと。

　　　→これに対して内閣の法案提出によって行われるものを政府立法とよぶ。

　　▶委任立法…法律は行政権をもつ内閣が行政官庁を通じて執行するが，実際の運用の
　　　ため行政機関が定める規則や命令のこと。

法と裁判

①裁判所の役割…私人間の紛争や犯罪事件の発生に対し，法を適用して解決をはかる。

②**民事裁判（民事訴訟）**…契約などをめぐる私法上の紛争や，当事者間で解決が困難な紛
　争を解決するための裁判。

　　→訴え出た側（**原告**），
　　訴えられた側（**被告**）
　　の双方が弁護士など
　　を**代理人**とすること
　　ができ，裁判所は両
　　者の言い分を聞き，
　　法律を適用して判断
　　を行う。

❷民事裁判の流れと法廷

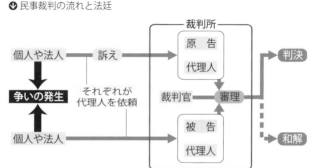

　　▶和解…民事紛争では，
　　多くの時間と費用が

　　かかることなどから，当事者間での話し合いで折り合いをつけること。

　　　→裁判所が関与して確定判決と同じ効力をもつ裁判上の和解と，裁判所が関与せず
　　　契約を通じて行う私法上の和解がある。

　　▶調停…離婚紛争など裁判官が関与して妥協点を探ること。

　　▶裁判外紛争解決手続き（ADR）…Alternative Dispute Resolutionのこと。当事者双
　　　方が同意した場合，訴訟以外の場で公正な第三者が関与して紛争の解決を試みる方
　　　法。裁判は手続きが複雑で時間も費用もかかるが，ADRは迅速で安価なものとし
　　　て制度化された。国民生活センターの紛争解決委員会や弁護士会の紛争解決センタ
　　　ーなどがADRの役割をになう。

③刑事裁判…犯罪行為を疑われたものを**検察官（検事）**が起訴することで開始される裁判。
　起訴された人物を**被告人**という。

　　▶検察官の役割…国家を代表して被告人の刑事責任を追及する。

　　▶**弁護人**の役割…被告人側の人権を保護する目的で，検察側の立証や手続きの不十分
　　　さなどを指摘する。

　　▶裁判官や裁判員の役割…検察官・弁護人双方の主張を慎重に判断したうえで判断を
　　　下す。

　　　→裁判では，文書などのほかに証人をよび証言してもらうことも可能。

法の適用とそのプロセス

①法の<u>適用</u>…裁判で法を適用するには，紛争や犯罪がどの法律のどの条文に関係するかが判断される。

→ 実際の裁判では法の「**解釈**」が行われる。

▶ 解釈…法律の文言を直接適用するのではなく，法の趣旨などを勘案して結論を導くこと。「文理解釈」「論理解釈」の二種類がある。

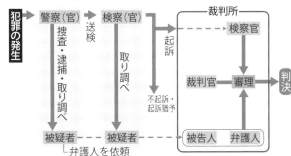

🔽 刑事裁判の流れと法廷

▶ 文理解釈…法の意味するところを条文の文言に照らして明らかにする方法のこと。

▶ 論理解釈…ほかの条文との関連や経緯，立法趣旨などの体系を意識しながら論理を追って解釈する方法のこと。

→ 実際の解釈にあたっては，裁判官による解釈の結果が積み重ねられた**判例**が重要となる。

▶ 判例…裁判の先例。裁判所は，過去の類似の訴訟事件においてそのときの裁判所がどのように判断を下したかを参考にして判断を行う。特に最高裁判所の判例はのちの判決に一定の拘束力をもつ。

②**法の一般性**…不特定多数の人や事件に平等に適用されるために，法規範は一般的・抽象的であるということ。

③<u>法の明確性</u>…法は人の行動や権利を制約したり，制裁を科したりするため，明確な文言で定めなければならないという原則。法の内容を明確にすることで，人々にとって「何が許される行為」で「何が許されない行為」かを知ることができる。

→ 法律においては用語・行為などに一つ一つ定義づけがなされる場合も多い。

④**リーガル・マインド**…法的思考力のこと。紛争が生じた場合などに，その法的問題や事実の分析などを筋道立てて考えること。

テーマ2　市民生活と私法 → 教 p.92〜101

1 市民生活と法

私法とは

①**私法**(しほう)…個人(自然人)や法人(ほうじん)相互の関係について定めた法規範のこと。
　→**民法**(みんぽう)が代表的。

②民法の構成

　▶第一編〜第三編…民法の一般原則，物の所有，契約，不法行為などの**財産法**。

　▶第四編・第五編…夫婦・親子といった家族関係と相続についての**家族法**。

　▶家族法…親は子を育てる義務(**扶養義務**)があることや，その子どもを保護・教育し，財産を管理する権利(**親権**)(しんけん)があることを定める。また，死んだ人の財産・債権・債務などが親族などに引きつがれる**相続**(そうぞく)などについても規定する。

私法の三つの原則

①**権利能力平等の原則**…出生した自然人であれば**権利能力**が平等にあたえられるという原則のこと。

　▶権利能力…権利義務の主体となる地位・資格のこと。

　　→日本の民法では，権利能力のはじまりは出生したときとされている。

　▶意思能力…自己の法律行為の結果を理解することができる精神能力のこと。

　　→一般的には7歳から10歳程度で獲得するとされる。

　　→権利や義務を負うためには，それが自己の意思にもとづいていなければならず，権利能力があっても，意思能力のない者がした法律行為は**無効**。

　▶行為能力…自ら単独で確定的に有効な法律行為をおこなうことが可能な能力のこと。

　　→**未成年者**や病気や加齢により行為能力が乏しい人は一人で法律行為をすることができない。

　▶**未成年者取消権**…未成年者は，法定代理人の同意か代理がなければ契約することはできず，一人で契約した場合はこれを取り消すことができる。

　▶**成年後見制度**(せいねんこうけん)…成年であっても行為能力が乏しい人については，ほかの人が本人の契約をたすけるという制度。

🔽「意思能力」と「行為能力」の判断基準と効果

	「意思能力」の有無 [個別具体的に判断]	「行為能力」の有無 [画一的に判断]	効果
権利能力あり	「意思能力」 なし	──────────▶	法律行為は 無効
	「意思能力」 あり	「行為能力」 なし (未成年者などの 制限行為能力者)	法律行為の 取消しが できる (未成年者取消権など)
		「行為能力」 あり	単独で行為 ができる

②**所有権絶対の原則**…物の持ち主はその所有している物について，使用，処分など自由に扱うことができるという原則。
　→憲法第29条，民法第206条などにも反映されている。
③**私的自治の原則**…人は自由に契約など私的な関係を結ぶことができるという原則。
　▶背景…近代社会においては，個人は自由・平等であり，その権利・義務は各人が自律的に決定されるべきという考え方。
　▶制限…私的自治の原則は無制限に認められるものではなく，社会全体の利益（**公共の福祉**）に反したり，社会生活上の秩序（**公序良俗**）に反したりするような契約は認められない。

過失責任の原則

①**不法行為**…**故意**（意図的）または**過失**（不注意）によって，他人の権利・利益を侵害する行為のこと。
　→これを行うと，加害者に**損害賠償**責任が生じる。
②**過失責任の原則**…加害者側に故意または過失がない，つまり損害を与えないための必要な注意を行っていれば，損害賠償責任には問われないという原則。
　▶**無過失責任**…製造物責任法（PL法）などにみられる，被害者が加害者の過失を立証しなくとも原則責任を負うという規定で，過失責任の原則の例外。
　　→公害や製品の欠陥などにより不利益が生じた場合，企業の過失を立証するのが困難であり被害者の救済がじゅうぶんに行われなかった，という背景がある。

◆ さまざまな権利が認められる年齢

15歳	遺言の作成が可能になる。
16歳	働くことが可能になる。 二輪免許・原付免許も取得可能になる。
18歳	選挙権を得る。 国民投票の投票権を得る。 （親の同意なく）婚姻が可能となる。* 普通自動車運転免許が取得可能になる。 深夜労働が可能になる。 親の同意なく契約できる。*
20歳	裁判員や検察審査員に選出される可能性が生じる。 飲酒・喫煙が許される。
25歳	衆議院議員，市区町村議会・都道府県議会議員，市区町村長に立候補が可能になる。
30歳	参議院議員，都道府県知事に立候補が可能になる。

　＊は2022年4月に成年年齢が18歳に引き下げられることで可能となる。

2 多様な契約

契約自由の原則

①**契約**…法的な約束のこと。単なる約束と異なり，一度契約を結ぶと，民法などの法律にもとづく義務を負い，違反した場合には，契約の履行を強制されたり，損害を賠償したりする義務を負うこととなる。
→債務者が債務を履行しない場合，以下のような法的手段が考えられる。
- 強制履行…裁判所により債権の内容を強制的に実現すること（民法第414条）。
- 損害賠償…債務不履行によって生じた損害を金銭で補てんすること（民法第415条）。
- 解除…契約を白紙に戻し，なかったことにすること（民法第540~第548条）。

②**契約自由の原則**…だれでも，だれとでも自由に契約を結ぶことができるという民法の原則のこと。
→契約内容の自由，契約締結の自由，相手方選択の自由，方式の自由の四つの原則からなる。

③**無効や取消し**
→契約は守らなければならないが，契約が無効や取り消しになる場合もある。
▶取消し…いったん効力を生じた法律行為を行為時にさかのぼって効力を否定すること。
▶無効…法律行為の効力が最初から生じないということ。

❷ 契約の「取消し」や「解除」などができる例

種類	内容	
取り消しの例	未成年者が法定代理人の同意なく契約した場合（**未成年者取消権**）	民法第5条
	契約内容の重要事項について「錯誤」があった場合	民法第95条
	契約を結ぶ際にだまされたり（詐欺），強迫されたりした場合	民法第96条
	消費者契約法第4条に示されているケース	
解除の例	契約相手が契約内容を守らない場合	民法第540条~第543条
無効の例	公序良俗に反する契約	民法第90条

契約の種類

①**契約の種類**…民法では13種類の契約が定められている。
▶**売買契約**…ある物を売りたい人（売主）と買いたい人（買主）が合意することによって成立する契約。
▶**賃貸借契約**…建物や車を，賃料を支払って借りる契約。
▶雇用契約（**労働契約**）…会社などで働く際に労働者が雇い主（使用者）と結ぶ契約。

▶**消費貸借契約**…銀行などから金を借り，約束した割合の利息とともに期限までに返すことを約す契約。

　→貸主は借主に対して，金を返せない際に差し出す不動産など(**担保**)を求める場合や，借主の代わりに金を返済する義務を負う保証人を定めることがある(**保証契約**)。

　→特に**連帯保証人**は，貸主から返済請求を受けた際にまず借主に返済を求めるよう請求する権利があたえられていないため，負担は重い。

契約自由の原則の修正

①民法の特別法

　→民法では契約当事者同士は対等であるが，実際は立場の異なる者同士の契約も多い。

　→弱い立場に置かれた当事者を保護するための特別法が存在する。

　　例：労働者を保護する労働基準法や最低賃金法

　　　　消費者を保護する消費者契約法

　　　　土地や建物の賃借人を保護する借地借家法など

②クレジットカードのしくみ

　→クレジット会社(信販会社)は買主が売主に支払うべき代金を立て替える。

　→立て替えてもらった代金をクレジット会社に返済する。

　→この際，買った商品に問題があった場合は割賦販売法によってクレジット会社への代金支払いを拒むことができる場合がある。

❤ クレジットカードのしくみ

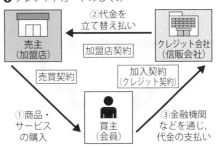

さまざまな契約

▶**典型契約**…民法に規定のある13種類の契約のこと。

　→典型契約の種類として，贈与・売買・交換(移転型)，賃貸借・消費貸借・使用貸借(利用型)，雇用・請負・委任・寄託(役務型)，組合・和解・終身定期金(その他)がある。

▶**非典型契約**…民法に規定のない契約のこと。

　→契約自由の原則にもとづき，公序良俗に反しないかぎり自由。

❤ 日常の契約の例

3 消費者の権利と責任

消費者契約

①**情報の非対称性**…一般に，売り手は商品の質や性能をよくわかっているが，買い手はそうとは限らず，双方で商品についての知識量に差がある状態。
  →消費者は企業の広告などをうのみにして商品を購入する(**依存効果**)。
  →友人がもっているという理由だけで商品を購入する(**デモンストレーション効果**)。

消費者法制

①**消費者の四つの権利**…1962年にアメリカのケネディ大統領が提唱した権利。
  →安全の権利，知らされる権利，選ぶ権利，意見を聞いてもらう権利。
  →CI(国際消費者機構)は消費者の八つの権利とともに五つの責任を提唱した。
  ▶五つの責任…批判的意識をもつ責任，主張し行動する責任，社会的弱者への配慮責任，環境への配慮責任，連帯する責任。
②**消費者基本法**…2004年に制定された，消費者を保護するための法律。
  →安全の確保，選択の機会の確保，必要な情報の提供，教育の機会の提供，消費者の意見の反映，消費者被害の救済の六つの権利が定められている。
  →消費者行政を一元化するため，2009年には**消費者庁**が設立。
  ▶**消費者契約法**…2000年に制定された不当な契約から消費者を保護するための法律。
    →業者の虚偽の情報にもとづく契約の取り消しや，消費者にとって不当に不利な契約条項の無効化などを定める。
  ▶**製造物責任法(PL法)**…製造物の欠陥による事故などの被害者に対して，製造者が過失の有無にかかわらず損害賠償責任を負うとする無過失責任を定めた法律。
    →民法第709条(不法行為による損害賠償)の特別法として定められ，PL(Product Liability)法ともいう。
  ▶**特定商取引法**…1976年制定の訪問販売法を2000年に改称した，訪問販売や電話販売などの取引形態で見られるトラブルを解決するための法律で，**クーリングオフ制度**などを定める。
  ▶**クーリングオフ制度**…一度消費者が締結した契約であっても，一定期間内であれば無条件で申しこみの撤回や契約の解除ができる制度。
③消費者支援のための機関
  ▶**国民生活センター**…消費者への情報提供・苦情処理や，消費者からの相談受付，消費者教育を行う独立行政法人。
  ▶**消費生活センター**…地方公共団体が設置する，消費者保護のための行政機関。
    →消費者は「消費者ホットライン」で紛争内容や解決方法の相談ができる。
  ▶**法テラス**…日本司法支援センターのこと。国民の法律相談や裁判費用の援助も行っている。
  ▶**消費者団体訴訟制度**…内閣総理大臣が認めた消費者団体が消費者を代表して差止請求や被害回復請求を行う制度。
    →消費者が一人で裁判を提起することが困難であることや，一人で勝訴したとしてもそれ以外の多くの消費者の救済につながらないことなどから設けられた。

消費者問題の歩み

①敗戦直後の日本…物資不足と物価高騰が問題になった。

→各地に消費生活協同組合や主婦連合会が結成され，生活防衛のための活動が開始。

→その後，経済復興のなかで公害や食品問題，薬害問題が社会問題となり，人々の消費の「質」や消費者問題への意識が醸成された。

→消費者保護が行政・立法上の課題となり，消費者保護基本法制定や国民生活センター設立につながった。

②1970年代以降…公害や食品問題に加え，訪問販売や悪徳商法などの取引に関するトラブルが多く報告されるようになったほか，サラ金問題などの新たな消費者問題も多発した。

→訪問販売法などの特別法があいついで制定された。

③1990年代…消費者の自己決定・自立支援が消費者政策の課題となった。

→消費者契約法が制定された。

④2000年代…政府は消費者政策が消費者の権利を保護するための重要な政策であると認識。

→消費者基本法が制定され，消費者庁も設立された。

🔽 消費者問題関連年表

1955	森永ヒ素ミルク中毒事件
1957	第1回全国消費者大会「消費者宣言」採択
1962	ケネディ大統領「消費者の四つの権利」宣言
	不当景品類及び不当表示防止法制定
	サリドマイド薬害事件
1968	消費者保護基本法制定
	カネミ油症事件
1970	国民生活センター発足
1976	訪問販売法制定（2000年特定商取引法に）
1983	サラ金規制法制定
1994	製造物責任法（PL法）制定
2000	消費者契約法制定
2004	消費者基本法制定
2006	貸金業法制定
2009	消費者庁設置
2012	消費者教育推進法制定

消費者市民社会の形成

①**消費者主権**…市場経済において，企業が何をどれくらい生産すべきかについて最終的な決定を消費者が行うということ。

▶**エシカル消費**…消費者は，商品の選択について現在および将来の社会や人，地球環境に配慮しながら消費行動を行うべきとする考え。

②**消費者市民社会**…消費者は，自らの消費行動が現在・将来の社会や地球環境に与える影響を自覚して，公正で持続可能な社会の形成に参画することが求められるという理念。

▶**トレーサビリティ制度**…商品の流通経路を生産から廃棄まで追跡することができる制度。

→これによって環境に配慮した商品選びが可能となる。

アプローチ　消費生活と契約　教 p.100~101

1　クーリングオフ制度のしくみ

①クーリングオフ…頭を冷やして考え直す，という意味。一度消費者が締結した契約であっても，一定期間内であれば無条件で申しこみの撤回や契約の解除ができる制度。
　→店頭販売や通信販売の場合は，じゅうぶんに契約内容を検討する余地があるので対象にはならない。

②クーリングオフできるおもな取引の例
　▶訪問販売，電話勧誘販売，特定継続的役務提供，訪問購入，割賦販売…8 日以内。
　▶連鎖販売取引(マルチ商法)，業務提携誘引販売…20日以内。
　▶特定の預託取引(現物まがい商法)…14日以内。

2　消費者契約法による取り消し

①消費者契約法…不当な契約から消費者を保護するための法律。
　→業者の虚偽の情報にもとづく契約の取り消しや，消費者にとって不当に不利な契約条項の無効化などを定める。
　→契約の取り消し期間は契約締結から 5 年以内で，誤認などに気づいたときから 1 年以内と規定されている。

②消費者契約法により取り消しができる場合の例
　→不実告知，断定的判断の提供，不利益事実の不告知，不退去・退去妨害など。

3　現代の消費者問題

①取引方法の多様化にともなう消費者問題
　→インターネット販売,電話勧誘販売，ワンクリック請求，家庭訪問，かたり商法など。

②消費者側の問題
　●ローンやカードによる信用取引を多用して支払い不能になり自己破産するケース。
　●借金を返済するために別の金融機関から借入を行い，多重債務に陥るケース。
　　▶貸金業法…借りすぎ，貸しすぎの防止を行うための法律。
　●決済手段の多様化による不正利用の増加。
　　→自立した消費者として，クレジットカードなどをきちんと管理する必要。

◐問題となっている販売方法

販売方法・手口	販売方法や問題点
インターネット通販	無料だと思い情報サイトなどに登録料や，利用した覚えのないサイトの利用料の請求に対する相談などが多い。
電話勧誘販売	業者が電話により消費者を勧誘するケースがほとんど。
ワンクリック詐欺	情報サイトなどの閲覧時に何かしらのボタンをクリックしたところ，料金を請求されたという相談が多い。
家庭訪販	業者が家庭訪問して勧誘するケースがほとんどである。
かたり商法(身分詐称)	有名企業などをかたり，商品やサービスを契約させる商法。

4　契約トラブルにあったら

①対応窓口…国民生活センターや消費生活センター，法テラスなど。

テーマ3　国民の司法参加 ➡ 教 p.102〜111

1 司法のしくみと役割

司法権とその独立

①**司法権**…具体的な事件や法的紛争に際して，法律の解釈・適用によって国民の権利や利益を保障して「法の支配」を実現する国家の役割。

②**訴訟の種類**…**民事訴訟，刑事訴訟，行政訴訟**の3種類。

▶民事訴訟…**私人**(一般の個人や法人のこと)間の争いを扱う訴訟のこと。
　→原告が被告を訴えることにより開始される。

▶刑事訴訟…国家が，犯罪行為を行ったと疑われている被告人を裁く訴訟のこと。
　→おもに検察官が被疑者を被告人として起訴することによって開始される。

▶行政訴訟…政府や地方公共団体の行政行為の適法性を争う訴訟のこと。
　→民事訴訟と同様の手続きであるが，被告は国や地方公共団体などである。
　→行政訴訟では，行政行為の取消し，無効，差し止め，不作為の違法確認などを求めることが多い。

▶行政裁判所…大日本帝国憲法下で存在した行政事件を専門に扱う裁判所。
　→現在の日本国憲法下では行政訴訟も通常の司法裁判所で扱われ，行政事件訴訟法という法律がおもに適用される。

⬇日本の裁判制度

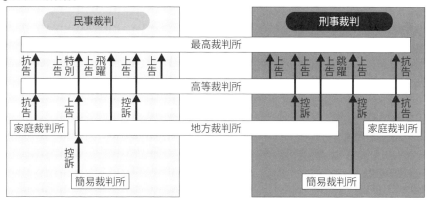

③**司法権の独立**…公正な裁判が行われるためには，司法権を扱う裁判所は立法権(国会)や行政権(内閣)からの影響を受けずに判断を行わなければならないとする考え。
　→司法権の独立は，「司法府の独立」と「裁判官の職権の独立」からなる。

▶司法府の独立…裁判所が国会や内閣からの不当な影響を受けないこと。

▶裁判官の職権の独立…個々の裁判官が，上級裁判所やほかの裁判官からの影響を受けず各自の良心に従ってその任務を果たすこと。(憲法第76条)
　→そのために「**裁判官の身分保障**」が存在する。

▶裁判官の身分保障…裁判官の職権の独立のために，「心身の故障」や**弾劾裁判所**で罷免が決定された場合，さらに最高裁判所裁判官の場合は国民審査により罷免された場合などを除いて，裁判官在任中の身分と一定の報酬を保障すること。

▶**特別裁判所**の禁止…通常の裁判所以外に，特定の人や事件を裁くための裁判所を設置してはいけないこと。

　→大日本帝国憲法で規定された特別裁判所には，行政裁判所のほか，軍法会議，皇室裁判所が含まれる。

　→その趣旨は司法の場に司法権以外の権力が介入するのをふせぐことにある。

■**児島惟謙**…近代初期の最高裁判所長官にあたる大審院長を務めた人物。

　→1891年に起きたロシア皇太子切りつけ事件（大津事件）に際し，内閣は大逆罪（天皇，皇后，皇太子などを傷つけ，または傷つけようとした者は死刑となる罪）を適用して死刑に処するよう求めたが，児島はその圧力を排して担当裁判官を説得し，法律に従って無期徒刑の判決を下した。このことから司法権の独立を守った人物とされる。

裁判制度のしくみ

①**司法権の帰属**…司法権は**最高裁判所**とそれ以外の下級裁判所（**高等裁判所，地方裁判所，家庭裁判所，簡易裁判所**）に属する。

▶**三審制**…民事裁判，刑事裁判ともに同一事件について3回まで裁判を受けることができること。

　→これにより裁判を慎重に行い，国民の裁判を受ける権利を保障することが可能。

②**国民審査**…最高裁判所裁判官に対する国民審査は裁判が適切に行われているか監視することのあらわれ。

違憲審査権

①**違憲審査権**…各種法律や命令，規則や処分が日本国憲法に違反していないかどうか審査する権限のこと。

　→日本の違憲審査は具体的な事件に際してのみ行われる。

②**憲法の番人**…憲法に反しているか否かを最終的に判断するのは最高裁判所であることから，最高裁判所は「憲法の番人」といわれている。

◆最高裁判所による違憲判決の例

判例	憲法の条項
尊属殺重罰規定 （1973.4.4）	第14条　法の下の平等
薬事法距離制限 （1975.4.30）	第22条　職業選択の自由
衆議院議員定数不均衡 （1976.4.14，1985.7.17）	第14条　法の下の平等 第44条　議員及び選挙人の資格
婚外子相続差別 （2013.9.4）	第14条　法の下の平等
女性の再婚禁止期間 （2015.12.16）	第14条　法の下の平等 第24条2項　両性の本質的平等

▶**統治行為論**…高度に政治的な問題については，司法審査の対象とはせず，国会や内閣に任せるべきであるという考え方のこと。苫米地事件や砂川事件，長沼ナイキ基地訴訟などで採用され，裁判所は憲法判断を回避した。

2 刑事司法と司法参加の意義

刑事司法

①**刑事訴訟**…国家が，**刑法**など刑罰法規に違反した行為をした疑いのある人(**被告人**)を裁く裁判のこと。

②刑事訴訟の流れ

- 被疑者は警察による取り調べを受ける。
- 逮捕された場合は48時間以内に検察庁に送致。
- 送検された場合は**検察官**による取り調べを受け，起訴されるかどうか決まる。
- 起訴された場合は刑事裁判にかけられ，有罪無罪や，有罪であった場合の量刑が争われる。

◆刑事手続きの流れ

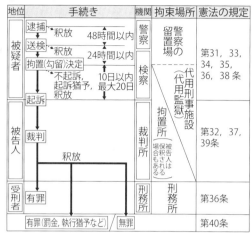

地位	手続き	機関	拘束場所	憲法の規定
被疑者	逮捕 →釈放 48時間以内	警察	警察の留置場 代用刑事施設(代用監獄)	第31, 33, 34, 35, 36, 38条
	送検 →釈放 24時間以内			
	拘置(勾留)決定	検察		
	不起訴, 起訴猶予, 釈放 10日以内 最大20日		拘置所(被告人は保釈される場合もある)	第32, 37, 39条
被告人	起訴			
	裁判	裁判所		
	釈放			
受刑者	有罪	刑務所	刑務所	第36条
	有罪(罰金, 執行猶予など) / 無罪			第40条

- ▶**被疑者**…罪を犯したと疑われ捜査対象となっている人。
- ▶**責任能力**…自己の行為の法律上の責任を認識する能力のこと。
  - →刑罰の対象となるのはこの能力を有している者だけである。

③刑事手続における人権保障…憲法では，被疑者・被告人の人権尊重のために，さまざまな権利を保障している。

- ▶**法定手続きの保障**…何人も法律上規定された手続きによらなければ生命や身体の自由を奪われないということ(憲法第31条)。
- ▶**令状主義**…現行犯逮捕以外の逮捕や家宅捜索，証拠品の差押えなどには裁判所が発行した令状が必要であるということ(憲法第33・第35条)。
  - →現行犯逮捕…目の前で犯罪を行っている者をその場で逮捕すること。
- ▶**黙秘権**…自己に不利益な供述を強制されない権利のこと。
  - →戦前の刑事司法では，拷問によって強制的に供述させることが横行していたため，その反省からこのような規定が設けられた。(憲法第38条)
- ▶**無罪の推定**…刑事裁判にかけられた被告人は有罪判決が確定されるまでは無罪と推定されるということ。
- ▶**証拠主義**…刑事裁判は証拠にもとづいて裁判官が行うということ。
- ▶**一事不再理**…一度判決が確定したのちに再び蒸し返されて罪に問われることはないという原則(憲法第39条)。
- ▶**罪刑法定主義**…「法律なければ犯罪なし，法律なければ刑罰なし」という原則。
  - →つまり何人も法律にない刑罰を科せられることがないということ(憲法第31条)。
- ▶**遡及処罰の禁止**…行為時よりあとにできた法律で罰することができないということ(憲法第39条)。

④刑罰の種類

死刑	法務大臣の命令により拘置所で執行	拘留	1日以上30日未満拘留場に拘置
懲役	刑務所に拘置，所定の作業義務あり	科料	1000円以上1万円未満。納められないときは30日以下で労役場に留置
禁錮	刑務所に拘置，所定の作業義務なし	没収	犯罪の凶器や報酬などを没収
罰金	1万円以上。納められないときは2年以下で労役場に留置		

刑事司法の課題

①死刑制度…日本では犯罪抑止効果の高さなどから存続。EU諸国などでは廃止。
- →死刑は憲法第36条「残虐な刑罰」にあたり，冤罪の場合にとりかえしのつかない人権侵害になる，などの理由から廃止論も存在する。
- ▶冤罪…罪がないのに疑われたり，罰せられたりする「無実の罪」のこと。
  - →日本においては吉田巌窟王事件（1913年），免田事件（1948年），松山事件（1955年），足利事件（1990年）などが知られる。

②冤罪を生む原因…日本では物的証拠より自白を重視する傾向が強い。
- →代用刑事施設（「代用監獄」）などでの長時間にわたる取り調べなども冤罪の原因。
- →「取り調べの可視化」の義務づけなどの対策がとられている。

司法への民意の反映

①司法制度改革…1999年より開始された，国民に身近で頼りがいのある司法の実現をめざした改革。
- ▶裁判員制度…重大な刑事裁判の第一審に，国民から選出した裁判員が，裁判官とともに有罪か無罪を，有罪の場合は量刑を決する制度。
- ▶検察審査会制度…検察官が不起訴処分とした事件を，選出された国民によって構成される審査会が2度，起訴相当とした場合は強制起訴されるという制度。

② 検察審査会制度と裁判員制度の比較

	検察審査会制度	裁判員制度
導入年	1948年	2009年
選ばれた国民の職務	検察官の不起訴処分の当否などについて審査する	重大犯罪の刑事裁判に参加し，被告人が有罪か無罪か，有罪の場合は量刑を裁判官と決める
人数	一審査会につき11人	一事件につき原則6人
任期	6か月（審査会議は平均して月に1～2回）	参加する事件の公判開始から判決まで（多くの場合，3～5日）

②法曹人口の増員…ロースクール（法科大学院）の新設。

③国民の裁判を受ける権利の保障…日本司法支援センター（法テラス）の設置。
- →法テラスでは，弁護士費用の援助なども行われている。

④公正な裁判に向けて
- ▶時効…一定の時間がたった事件については公訴できなくなる制度。
  - →殺人罪などについては廃止または延長する制度改正が行われた（2010年）。
- ▶司法取引…2018年から被疑者や被告人が取り調べで，他人の犯罪を明かすことで自身の刑罰を軽減することができる制度。

☑ 重要用語チェック！❺

(1)	人間の自然的理性によって維持されると考えられる規範。
(2)	犯罪行為を疑われたものを検察官(検事)が起訴し，開始される裁判のこと。
(3)	法的思考力のこと。紛争が生じた場合などに，その法的問題や事実の分析などを筋道立てて考えること。
(4)	出生した自然人であれば権利能力が平等に与えられるという原則。
(5)	自己の法律行為の結果を理解することができる精神能力のこと。一般的には7歳から10歳程度で獲得するとされる。
(6)	製造物責任法(PL法)などにみられる，被害者が加害者の過失を立証しなくとも原則責任を負うという規定で，過失責任の原則の例外。
(7)	民法に規定されている典型契約のうちの一つで，銀行などから金を借り，約束した割合の利息(りそく)とともに期限までに返すことを約す契約。
(8)	2004年に制定された，消費者を保護するための法律。安全の確保，選択の機会の確保，必要な情報の提供，教育の機会の提供，消費者の意見の反映，消費者被害の救済の六つの権利が定められている。
(9)	一度消費者が締結した契約であっても，一定期間内であれば無条件で申しこみの撤回(てっかい)や契約の解除ができる制度。
(10)	市場経済において，企業が何をどれくらい生産すべきかについて最終的な決定を消費者が行うということ。
(11)	政府や地方公共団体の行政行為の適法性を争う訴訟(そしょう)のこと。民事訴訟と同様の手続きであるが，被告は国や地方公共団体などである。
(12)	民事裁判，刑事裁判ともに同一事件について3回まで裁判を受けることができること。
(13)	近代初期の最高裁判所長官にあたる大審院長を務めた人物。1891年に起きたロシア皇太子切りつけ事件(大津事件)(おおつ)に際し，政府の大逆罪要求を退けた。
(14)	高度に政治的な問題については，司法審査の対象とはせず，国会や内閣に任せるべきであるという考え方のこと。

演習問題❺

1 次の問いに答えよ。

(1) 次の①~④は法のもつ機能について説明したものである。①~④はそれぞれどのような機能を説明しているか。下のア~エの中からそれぞれ1つずつ選べ。

① 社会で法的紛争が起こった際に，これを解決するための手続きについても規定することで，紛争解決手段を確保する機能。　　　　　　　　（　　　　）

② 生活環境，教育，社会保障などの公的サービスの提供や，財の再配分などについても規定することで，資源の配分に不公平が生じないよう配分する機能。
（　　　　）

③ 契約や会社設立など人々の自由な活動のルールを定め，これらの活動をしやすくし，促進する機能。　　　　　　　　　　　　（　　　　）

④ 社会秩序を乱す行為について，刑罰などの制裁を科すことによって社会秩序を維持し，統制する機能。　　　　　　　　　　　（　　　　）

> ア　社会統制機能　　イ　活動促進機能
> ウ　紛争解決機能　　エ　資源配分機能

(2) 次の表は，さまざまな権利が認められる年齢についてまとめたものである。表中のA~Dにあてはまる内容として正しいものを，下のア~キの中からそれぞれ選べ。

15歳	（　A　）が可能になる。
16歳	働くことが可能になる。 二輪免許・原付免許も取得可能になる。
18歳	選挙権を得る。 国民投票の投票権を得る。 親の（　B　）なく婚姻が可能となる。 普通自動車運転免許が取得可能になる。 深夜労働が可能になる。 親の（　B　）なく契約できる。
20歳	裁判員や検察審査員に選出される可能性が生じる。 飲酒・喫煙が許される。
25歳	（　C　）議員，市区町村議会・都道府県議会議員，市区町村長に立候補が可能になる。
30歳	（　D　）議員，都道府県知事に立候補が可能になる。

> ア　代理　　イ　遺言の作成　　ウ　同意　　エ　衆議院　　オ　貴族院
> カ　参議院　　キ　立候補

A（　　　　）　B（　　　　）　C（　　　　）　D（　　　　）

(3)　私たちには契約自由の原則が認められているが，同時に一度締結した契約を解除・取消しができる場合や，そもそも効力を発せず無効である場合がある。次の事例A～Cについて，解除・取消し・無効のいずれの対象となるか答えよ。

A　契約相手が契約内容を守らない場合　　　　　　　（　　　　　　　）
B　未成年者が法定代理人の同意なく契約した場合　　（　　　　　　　）
C　公序良俗に反する契約内容であった場合　　　　　（　　　　　　　）

2 次の文中の①～⑥にあてはまる語句を答えよ。

　刑事司法においては，戦前期の刑事司法が恣意的に運用され，拷問などを許していた過去への反省から，被告人または被疑者に対する人権保障が細かく規定されている。

　例えば，逮捕や家宅捜索，証拠品の差押えなどには裁判所が発行した（①　　　　　　　）が必要である。この原則を（　①　）主義といい，（②　　　　　　　）逮捕の場合は例外となる。また，自己に不利益な供述を強制されない権利である（③　　　　　　　）権が認められている。

　そして刑事裁判にかけられた被告人は有罪判決が確定されるまでは（④　　　　　　　）と推定される。刑事裁判で一度判決が確定すると，再び蒸し返されて罪に問われることはないという原則である（⑤　　　　　　　）が適用される。また行為時よりあとにできた法律で罰することができないという（⑥　　　　　　　）の禁止も定められている。

3 次の文中の①～⑥にあてはまる語句を答えよ。

　戦後の経済復興のなかで公害や食品問題，薬害問題が社会問題になったことで，人々の消費の「質」や消費者問題への意識が醸成された。これにより消費者保護が行政・立法上の課題となり，（①　　　　　　　）法制定や（②　　　　　　　）設立につながった。

　1970年代以降，公害や食品問題に加え，訪問販売や悪徳商法などの取引に関するトラブルが多く報告されるようになったほか，サラ金問題などの新たな消費者問題も多発した。1976年に制定された（③　　　　　　　）法は訪問販売や電話販売などの取引形態で見られるトラブルを解決するための法律で，一定期間内であれば一度消費者が締結した契約であっても無条件で申しこみの撤回や契約の解除ができる（④　　　　　　　）制度を定めたことでも有名である。

　1990年代には消費者の自己決定・自立支援が消費者政策における課題となり，続く2000年代には消費者政策が消費者の権利を保護するための国にとって重要な政策とされ，（　①　）法に代わり（⑤　　　　　　　）法が制定され，消費者行政を扱う（⑥　　　　　　　）庁も設立された。

［解答→p.167］

第3章 経済社会で生きる私たち 教科書 **p.112~145**

テーマ1　現代の経済と市場 ➡ p.112~125

1 私たちと経済

経済活動の意義

①経済…資源を利用して**分業・生産**を行い，交換を通じて最終的に消費する活動のこと。

　→人々の生活を支える重要な基盤が経済活動。

　→生活のための収入を得るために労働する。

　▶分業…作業を分担し，各自に割り当てられた業務をこなすこと。

　　→これによって**生産活動**が活発化し，生産効率が高まるとされている。

　　→生産された**財**や**サービス**を交換・分配することで社会生活を営む。

②**資源の希少性**…生産に利用できる天然資源や労働力，時間などが有限であること。私たちの経済的欲求が無限であることと対比される。

　→資源を利用すれば，その分何かを犠牲にしなければならない。

　▶**機会費用**…資源を利用することを選択した際，それによって失った利益のこと。

　　→例：高卒で就職した場合に得られたはずの所得は，大学進学の場合に得られない。

　▶**トレードオフ**…一方を得ようとすると，一方を犠牲にしなければならないという関係のこと。

　　→経済では**効率性**と**公平性**はトレードオフの関係であると考える。

経済主体と経済の循環

①**三つの経済主体**…家計，企業，政府のこと。

❷ 三つの経済主体と経済の循環

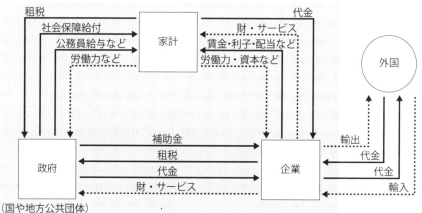

➡ 貨幣の流れ　　➡ 財・サービスの流れ

②**家計**…企業や政府に労働力を供給する代わりに賃金を受け取る経済主体。

　→株式や銀行預金があれば利息を受け取ることもできる（所得のひとつ）。

　▶**可処分所得**…所得全体から支払う税金や社会保険料を差し引いた残りの所得のこと。

　　→可処分所得が消費の原資となる。余剰分は**貯蓄**として保有される。

🔻 家計の収入と消費支出の推移(総務省資料)

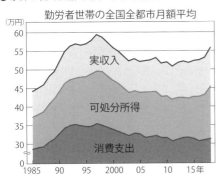

勤労者世帯の全国全都市月額平均

🔻 1世帯あたりの消費支出の内訳

(家計調査報告)

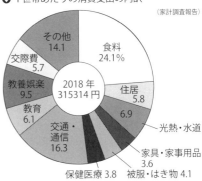

その他 14.1
交際費 5.7
教養娯楽 9.5
教育 6.1
交通・通信 16.3
保健医療 3.8
2018年 315314円
食料 24.1%
住居 5.8
6.9
光熱・水道
家具・家事用品 3.6
被服・はき物 4.1

③**企業**…生産技術を活用し，労働力・資本を用いて生産活動を行う経済主体のこと。
　→企業の活動目的は**利潤**(売上高から減価償却費や人件費などの必要経費を差し引いたもの)の拡大。
　→企業は利潤の拡大のために**広告・宣伝**にも**費用**を投じる。
　▶**減価償却費**…建物や機械などの固定資産を一定期間にわたって使用しているなかで減少した価値を費用として計算したもの。
　▶**設備投資**…経営規模を拡大するために企業が行う工場建設などの投資。
　▶**R&D投資**…新商品・新技術を研究・開発(R&D)するための投資。
　▶**コングロマリット**(複合企業)…異業種を買収・合併することで経営の多角化をはかる企業のこと。

④**政府**…租税などによって得た収入をもとに行政サービスを国民に提供する経済主体。
　→各種政策(**産業政策**や貿易政策)によって企業活動を調整する。
　▶**産業政策**…政府が，補助金や政府系金融機関による低金利融資によって次世代の成長産業を後押しする政策。

グローバル化のなかの経済活動

①**経済のグローバル化**
　▶**多国籍企業**…国境をこえて，多国間で企業活動を行う企業のこと。
　　→企業は最も生産コストの安い国で生産し，最も高く売れる場所で販売することや，優れた技術者のいる場所で製品開発を行うことを希望するため，必然的に国境をまたぐ活動が生まれる。
　▶**ダイバーシティ経営**…企業で国籍や民族，性別・年齢，障がいの有無などを問わず多様な人材を活用する経営戦略のあり方。

②**日本企業の英語公用語化**…経済のグローバル化にともない，公用語を英語にする企業が増加。
　→ダイバーシティ経営によりさまざまな国籍の人が同じ会社で働くようになったことなどが要因。
　→英語力をはかる検定試験などのスコアを採用基準として用いている会社もある。

ゼミナール　現代の企業　教 p.116-117

1　さまざまな企業の姿

①企業…銀行，株式市場などから資金を得て設備投資を行い，その一方で労働者を雇用することで財・サービスの生産を行う経済主体。

→経済発展のなかで企業の姿は多様化。

例：農家や個人商店などのような個人経営，家族経営，大規模な経営など。

🔽 企業の活動例

②企業の種類…大きく公企業と私企業にわけられる。

▶公企業…政府や地方公共団体によって管理される企業。

→私企業では達成することが困難な生産活動を行う。

▶私企業…民間の主体によって所有される企業。

🔽 企業の種類

私企業	個人企業		個人商店，農家など
	法人企業	会社企業	株式会社など
		組合企業	生活協同組合，農業協同組合など
公企業	地方公営企業		水道，バス，ガスなど
	独立行政法人形態ほか		国立印刷局，造幣局など
公私合同企業			NTT，JTなど

→利潤・利益の追求をおもな目的とする。さらに個人企業と法人企業に分類できる。

▶個人企業…個人が自己の財産を使って経営を行う企業。

▶法人企業…複数の人々が共同して出資し，設立した企業。

→営利を目的とする法人企業のことを特に会社企業といい，そのしくみは**会社法**によって規定される。

🔽 会社企業の種類

		出資者	経営者	特徴
株式会社	公開会社	有限責任の株主	取締役（3人以上）	旧来の株式会社制度に近い。多額の資本を要する企業に適する。
	株式譲渡制限会社		取締役（1人以上）	旧来の有限会社のしくみを取り入れた。中小規模の会社に多い。
合名会社		無限責任社員	無限責任社員	親子兄弟，知人などによる小規模会社が多い。
合資会社		無限責任社員と有限責任社員	無限責任社員	小規模会社が多い。
合同会社		有限責任社員	有限責任社員	広く定款による組織の運営を認め，かつ出資者が有限責任を負う。

2　株式会社のしくみ

①**株式会社**…**株式**の発行によって集めた資金をもとにして設立された会社で，会社企業の代表格。

　→出資者を**株主**といい，出資比率に応じて企業に対する権利(＝株式)をもつ。

　▶**他人資本**…銀行からの借入や**社債**発行など外部から調達された資金のこと。

　▶**自己資本**…企業が内部で調達した資本。内部留保などの純資産を指す。

◆株式会社のしくみ

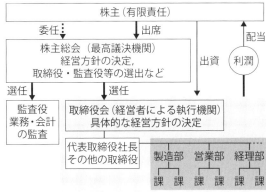

　▶**内部留保**…配当されずに残った会社の利益のこと。

　　→株主は会社の所有者として，出資比率に応じて配当を受ける権利や**株主総会**での議決権をもつ。

　　→会社が負債を抱えて倒産した場合，株主はその出資額の範囲内で責任を負う(**有限責任**)。

②**バランスシート(貸借対照表)**…企業が作成する過去に蓄積された資産や負債の状態を示す表で，長期間にわたる企業活動の状況をあらわす。

　⇔損益計算書…1年間の企業の利潤を計算するもの。

3　コーポレート・ガバナンス

①**コーポレート・ガバナンス**…1990年代以降，企業による不祥事などを通じ，公正かつ透明性の高い経営が求められ，コーポレートガバナンス(企業統治)が重要になった。

　▶**ディスクロージャー**…情報公開のこと。経営状態を積極的に公開する。

　▶**コンプライアンス**…法令遵守のこと。不正を防止する。

4　企業の社会的責任

①**ステークホルダー**…利害関係者のこと。

　→現在の経営者には，株主だけではなくほかのステークホルダーの便益をも考慮することが求められる。

　▶**企業の社会的責任(CSR)**…corporate social responsibilityの略。

　▶**フィランソロピー**…企業が行う，慈善事業のこと。

　▶**メセナ**…芸術など，文化活動を支援したりすること。

2 市場経済のしくみ

価格の働き

①**市場経済**…財・サービスが商品として売買され，**市場**を通じて資源配分が行われる経済のこと。

②**価格の役割**…市場経済において供給量と需要量を調節する役割をもつ。

　→供給量と需要量は必ずしも一致するわけではない。

③**価格の自動調節機能**…需給量が一致しない場合，価格が変化して需給量を調整すること。

　● 需要量＞供給量

　　→価格は上昇

　● 供給量＞需要量

　　→価格は下落

　▶**均衡価格**…需給量が一致し，市場が均衡状態となった価格。

　▶**市場価格**…実際の市場での価格。

　　→現実の市場では，必ず

◆ 需要量・供給量・価格の関係

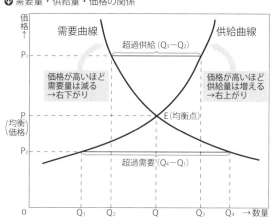

しも均衡状態にあるわけではないため，市場価格と均衡価格が一致しないこともある。

市場の失敗

①**市場の失敗**…市場がさまざまな要因によって，効率的配分を実現できない状態のこと。

　→市場をとおさずに便益・不便益が人々におよぶ**外部経済・外部不経済**がおもな要因。

　▶**外部経済**…人々の経済活動にともない，市場を経由せずに他人に利益がおよぶこと。

　　例：近隣に駅ができたことによって人々の利便性が高まったこと。

　▶**外部不経済**…市場を経由せずに他人に不利益がおよぶこと。

　　例：近隣工場の廃液によって公害が引き起こされたこと。

　　　→市場をとおして供給することが困難もしくは不可能な財・サービスは政府が供給・管理する（**公共財**）。

②**独占と寡占**

　▶**寡占市場**…ごく少数の企業によって市場が支配されている状態。寡占市場でシェアの大きい企業が価格決定権をもつ（**プライス・メーカー**）。

　▶**独占市場**…一つの企業によって市場が支配されている状態のこと。

　　　→寡占・独占市場では，少数や単独の企業によって市場が支配されているため，価格競争が乏しい。また，プライス・メーカーによって高水準で価格固定されがち。

　▶**管理価格**…市場で最もシェアの大きい企業がプライス・メーカーとして自社に有利な価格設定を行い，他企業もそれに追従した価格のこと。

　　　→製品の品質，デザイン，アフターサービスなど，価格以外の面で激しい競争が行われることになる（**非価格競争**）。

③売り手と買い手
- ▶**情報の非対称性**…売り手と買い手では，その商品について有する知識・情報が大きく異なるということ。
  - →一般的に売り手のほうがその商品について多くの情報をもつ。
  - →この状態が続くと，売り手は欠陥商品を早く売ってしまおうと思い，市場には欠陥商品ばかりが流通することになる。

政府の役割

①政府の役割…政府は市場の失敗を補う役割がある。
- ▶**独占禁止法**…「私的独占の禁止及び公正取引の確保に関する法律」のこと。
  - →戦後の経済の民主化のなかで制定され，カルテルなどを禁止している。
- ▶**カルテル**…企業連合のこと。
  - →同業種の複数企業が，価格や販路などについて協定を結び，公正な取引が行われなくなり寡占市場に近づくことから独占禁止法では禁止されている。
- ▶**公正取引委員会**…独占禁止法にもとづき，違法行為を取り締まる行政委員会。
  - →委員長と委員4名から構成される。「市場の番人」。

②公害規制
- →政府が汚染物質の排出を課税によって規制したり，**排出権取引**などを工夫したりすることで，抑止することができる。
- ▶**排出税・環境税**…汚染物質の排出をする際に課税される税。
  - →このように汚染物質を排出すると課税されるというしくみをつくれば，企業はなるべく汚染物質を排出しないよう自然と努力するはずである。このような手段で環境保全を行うことを経済的手法という。
- ▶**排出権取引**…汚染物質の排出量抑制のため，あらかじめ各企業に排出量（権利）を割りふり，それをこえた企業とそれを下回った企業との間で権利を売買すること。

③小さな政府
- ▶「小さな政府」…市場への介入の度合いが小さい政府のこと。
  - →これに対して，ソ連など社会主義国の**計画経済**では，経済活動全般を政府が介入した（「大きな政府」）。
  - →従来は政府の介入が小さければ小さいほどよいとされてきたが，**所有権**の保護や独占・寡占の規制，**環境基本法**などの環境保護立法の役割は，市場の円滑化のためにも必要。
- ▶**所有権**…物に対する絶対的な支配権のこと。
  - →市場が機能する前提としてこれが認められ，有効に保障されなければならない。
- ▶**環境基本法**…1993年に成立した，環境政策の基本法のこと。

ゼミナール　価格決定のメカニズム　教 p.120

1　需給曲線の移動（シフト）

①需要曲線の移動…需要に影響を
　与える事情があると，需要曲線
　が移動する。
　例：消費者の所得の上昇
　　　→商品の人気上昇
　　　→需要の増加
　　　→需要曲線は右に移動
　例：消費者の所得の減少
　　　→商品の人気下落
　　　→需要の減少
　　　→需要曲線は左に移動

②供給曲線の移動…供給に影響を
　与える事情があると，供給曲線
　が移動する。
　例：技術革新や原材料費の値下
　　　げ
　　　→供給が増加
　　　→供給曲線は右に移動

◆ 需要曲線の移動

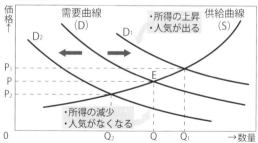

◆ 供給曲線の移動

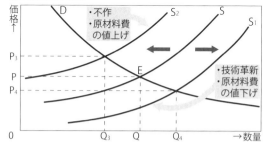

例：農作物の不作や原材料費の値上げ→供給が減少→供給曲線が左に移動

2　需要曲線と供給曲線の傾き

①曲線の傾き…需要曲線や供給曲
　線の傾きは商品によって異なる。
　→価格の変化に対して需給量が
　　どれだけ変化するか（価格の
　　弾力性）を示す指標となる。
　例：米やガソリンなどの生活必
　　　需品
　　　→価格が変動しても需要量
　　　　があまり変わらない。
　例：宝飾品などのぜいたく品
　　　→価格の変動の影響を受けて需要量が大きく変わる。

◆ 需要曲線の傾き

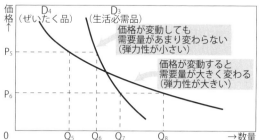

1 資本主義の成立

①**資本主義経済**…生産手段をもつ資本家と労働力を売ることによって生計を立てる労働者の2階級によって形成される経済体制のこと。

②資本主義の成立

　→18世紀後半にイギリスで起こった産業革命が契機。

■**アダム・スミス**…イギリスの経済学者。自己利益の拡大をはかる人間の利己心による自由な活動が，神の「**見えざる手**」によって導かれ，社会全体の利益を増進すると説明した。「**小さな政府**」の先がけ。主著は『**国富論**』(『諸国民の富』)。

2 資本主義の変容

①自由放任主義の限界

　→企業間の競争激化による労働者の貧困化，恐慌時の失業者の増大などにより人々の生活が不安定になっても最低限の役割しかになわない＝「**夜警国家**」。

②資本主義への批判

　→資本主義は資本家が労働者から搾取しているとして，資本家を打倒して労働者主体の世のなかをつくろうとする思想が形成＝**社会主義**。

■**マルクス**…ドイツの経済学者。私有財産制を批判して社会主義を提唱した。主著は『**共産党宣言**』，『**資本論**』。

③資本主義の欠陥の克服

　→**ケインズ**は資本主義の枠組みのなかで欠陥の克服を企図。

■**ケインズ**…イギリスの経済学者。国家による雇用の創出により**有効需要**をつくりだし，完全雇用を実現することを提唱(**修正資本主義**)。

　→アメリカのローズベルト大統領による**ニューディール政策**によって具体化。

3 資本主義の現在

①戦後の資本主義

　▶第二次大戦後…各国は経済成長と**福祉国家**の実現を目標とした。

　→しかし石油危機と国際経済環境の変化により転換を余儀なくされる。

②政策の転換

　▶**新自由主義**の台頭…ケインズ主義の「**大きな政府**」にかわり，新自由主義が「**小さな政府**」を主張するようになった。

■**フリードマン**…アメリカの経済学者。ケインズを批判し，規制緩和などによる新自由主義を提唱。

🔽 資本主義経済の変容と経済思想

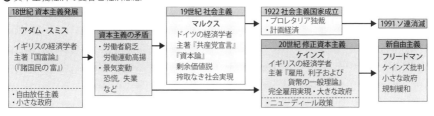

3 国民所得と経済成長

経済の指標

①**国内総生産（GDP）と国民総生産（GNP）**

- ▶ 国内総生産（GDP）…一国内で1年間に生産された**付加価値**の合計のこと。
- ▶ 国民総生産（GNP）…国民が1年間に生み出した付加価値の合計のこと。
  - →かつてはGNPがおもに用いられていたが，外国で働く労働者や国内で働く外国人労働者の増加によりGDPがよく用いられるようになった。
- ▶ 付加価値…企業が生産した新たな価値のこと。
  - →生産総額から原材料など中間生産物を差し引いて算出。

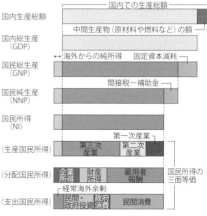

🔽 国民所得の相互関連

②**三面等価の原則**…GNPを生産面・分配面・支出面の三面で見ても，その額は等しくなること。

- ▶ **国民総所得（GNI）**…国民の受け取る総所得。GNPを分配面からとらえたもの。

③**所得以外の指標**

- ▶ **人間開発指数（HDI）**…保健・教育・所得の「人間開発」の三側面からある国の達成度をはかるための指標のこと。
- ▶ グリーンGDP…国内総生産から環境悪化を貨幣評価した額を差し引いて算出されたGDPのこと。環境汚染などのコストを反映させることが目的。

④**フロー**…一国全体で一定期間内にどれほどの経済活動が行われたかを示す指標。
  →GDPやNI（国民所得）がこれにあたる。

⑤**国富（ストック）**…過去から蓄積された個人・企業・国の建築物・機械・土地などといった実物資産と対外純資産のある時点での蓄積量のこと。

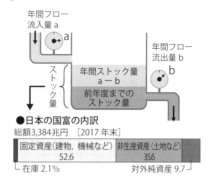

🔽 フローとストック

年間フロー
流入量 a

年間フロー
流出量 b

年間ストック量
a − b
前年度までのストック量

●日本の国富の内訳
総額3,384兆円　［2017年末］

固定資産（建物，機械など） 52.6	非生産資産（土地など） 35.6

└在庫 2.1%　　　　　　対外純資産 9.7┘

経済成長とその要因

①**経済成長率**…GDPやGNPの増加率のこと。
  →GDPやGNPの増加率が高ければ経済活動が大きく広がっていると評価できる。

②**実質経済成長率**…名目経済成長率から，物価変動の影響を取り除いた経済成長の指標。
  →生産量自体が変化していなくても物価が上昇していれば見た目上の経済成長率が高くなることがあるため，実質経済成長率が実際の経済成長の指標とされる。

③**経済成長率の上昇**…**資本・労働力**の増加，**生産性**の向上など。

▶生産性の向上…**技術革新(イノベーション)**によって実現。

　→特許や補助金などの制度が設けられる。

▶**特許権**…新技術の開発に成功した会社にはその製造・販売について一定期間内は独占することが認められる権利のこと。

　→この権利を認めることによって企業が失敗のリスクを負ってまで新製品を開発するインセンティブとなる。

景気変動と物価

①**景気変動の４局面**

▶景気変動…経済活動が活発である好景気と不活発である不景気が交互に起こること。

　→景気変動には**好況，後退，不況，回復**の四つの局面がある。

▶**恐慌**…深刻な後退をともなう経済現象のこと。

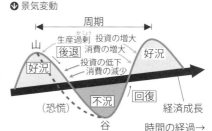
⇩景気変動

周期	名称	要因
3～4年	キチンの波	在庫投資循環
10年前後	ジュグラーの波	設備投資循環
20年前後	クズネッツの波	建築循環
50～60年	コンドラチェフの波	技術革新による循環

②**物価**…さまざまな財・サービスの価格を平均的にとらえた水準のこと。

　→物価には**消費者物価**と企業物価の２種類がある。

▶**インフレーション**…物価が持続的に上昇する状態。

▶**デフレーション**…物価が持続的に下落する状態。

　→デフレーションの際には資金の借り手にとって返済負担が重くなるため，消費者がローンを組むのをやめたり，企業が設備投資を見送ったりする。

　→結果，社会全体での需要が減少するためデフレーションがいっそう進むことがある(デフレスパイラル)。

ゼミナール　戦後日本経済の動き　教 p.124~125

1　戦後復興と経済の民主化

①敗戦直後

　→日本は戦争により多くの生産資源を消失。

　→鉱工業生産は3割程度に下落。

　→物資不足によるインフレーション。

②**傾斜生産方式**…石炭・鉄鋼など重要産業に
復興金融金庫からの資金を集中投下して基
幹産業の育成を企図した政策。

　→通貨供給の増大によりインフレーション
に拍車。

⬇ 買い出し列車

③経済の民主化

　→**財閥解体，農地改革，労働組合の育成**などの諸改革の実行。

④インフレ収束のための諸政策

　→**経済安定9原則**やこれを具体化した**ドッジ・ライン**の断行。

　→ドッジ・ラインでは赤字を許さない均衡予算などを実施。

　→結果，デフレが進行し深刻な不況へ（安定恐慌）。

⑤恐慌からの脱出

　→朝鮮戦争の勃発により，米軍から多額の物資・サービスが発注され，**特需**が生まれ
た。

2　高度経済成長

①高度経済成長

　▶高度経済成長…1955年ごろから1973年までの日本の経済成長のこと。

　　→1960年には池田勇人内閣が**国民所得倍増計画**を実施。

　　→日本の国際経済への復帰も加速し，**OECD（経済協力開発機構）**へ加盟。

　　→**消費革命**によりテレビ・冷蔵庫などが普及。

②高度経済成長の弊害…急激な経済成長により公害や農村の過疎化・都市の過密化が問
題となった。

3　高度経済成長から安定成長へ

①高度経済成長の終焉…1973年の**第一次石油危機**に
より高度経済成長は終了。

⬇ 石油危機による品不足

　▶第一次石油危機…第四次中東戦争にともなう
OPEC（石油輸出国機構）による原油価格の引き
上げの影響で，石油など諸物価が高騰したこと。

　▶スタグフレーション…不況と物価上昇の同時進
行のこと。

　　→1974年に戦後初のマイナス成長を記録。

　　→その後1980年代前半までの平均成長率は4％台へ。

　▶「**安定成長**」…国民生活の向上と持続的な経済成長を両立するという政策目標。

4　円高不況とバブル景気

①プラザ合意…アメリカのプラザホテルでの各国蔵相の合意により，急激な円高へ。
- ▶円高不況…プラザ合意による円高の影響で，輸出に依存する日本経済が不況に陥ったこと。
- ▶「産業の空洞化」…円高により生産拠点を海外に移転する企業が増加。
  - →ルーブル合意により円高の是正。
  - →貿易不均衡の是正を迫るアメリカとの日米構造協議など。

②日本政府の対応…円高不況に対し，日本政府は内需拡大策。
- ▶金融緩和策…低金利政策と所得税の減税により企業は設備投資と株式・土地の購入に注力。
  - →地価・株価が実態をはるかにこえて上昇。
- ▶バブル景気…1990年初頭まで続いた平成景気とよばれる好景気。
  - →1991年バブル経済の崩壊。日本銀行の金融引き締め策や地価税の導入などにより株価や地価が急落したことによる。

5　バブル後の日本経済

①平成不況…バブル崩壊後の深刻な不況の日本経済。
- ▶デフレスパイラル…不況とデフレの悪循環。
  - →多額の不良債権を抱えた大手銀行や証券会社などの倒産。
  - →2000年代初頭までの10年間を「失われた10年」とよぶ。
- ▶「構造改革」の断行…自由化，規制緩和，民営化などの新自由主義的政策を実施。
  - →2002年ごろから2008年の世界金融危機まで日本経済はゆるやかに成長するも，非正規雇用者の増大などにより「格差社会」などが課題に。
  - →アベノミクスなどの経済政策もじゅうぶんな成果は得られず。
- ▶アベノミクス…金融緩和，財政出動，成長戦略の「3本の矢」でデフレ脱却を企図した政策。

②最新の動向
  - →2020年の新型コロナウィルス感染症の流行により大きな影響。

テーマ2　市場経済における金融の働き ➡ 教 p.126〜133

1 金融のしくみと働き

貨幣の役割

①現金通貨の役割…**価値尺度**，**交換手段**，**支払い手段**，**価値貯蔵手段**。

②**預金通貨**…通貨の役割を果たす預金。

→公共料金などの支払いにおいて料金相当の預金額を相手方に引きわたすことによって決済が完了することになる。

→情報通信技術の発展により，**決済方法の多様化**，**キャッシュレス化**が進行。

→**電子マネー**なども進展。

③**金本位制**と**管理通貨制度**

▶金本位制…一定量の金を基準として各国の通貨の価値を決める制度。

→金との交換（兌換）を義務づけられた紙幣（兌換紙幣）を用いた。

▶管理通貨制度…国家が経済状況を勘案しながら流通する通貨量を調節する制度。

→中央銀行からの借り入れによって民間銀行の資金量が増加すると，銀行はその何倍もの預金通貨を創造することが可能（**信用創造**）。

→中央銀行は自ら操作できる通貨量（**マネタリーベース**）の調節を通じて家計や企業が保有する通貨残高（**マネーストック**）を増減することにより，経済全体に影響を及ぼすことが可能。

④**信用創造のしくみ**…民間銀行による預金通貨の創造のことを信用創造という。

→銀行は預金を受け入れると一部を預金準備として残してそれ以外を貸し出す。

→企業に貸し出された金は預金として銀行に再び預けられる。

→銀行はそれをもとにさらに貸出を行う。

→これを繰り返すことにより通貨量を増大させることができる。

❥信用創造のしくみ

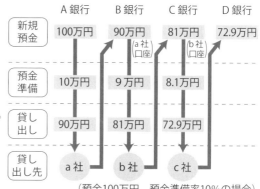

（預金100万円，預金準備率10％の場合）

金融とは

①**金融**…資金の足りないところと資金に余裕のあるところの間で資金を融通しあうこと。融通とは貸し借りのことで，**間接金融**と**直接金融**とがある。

▶間接金融…銀行などの金融機関を通じて資金調達を行うこと。

▶直接金融…企業自身が株式や債券を発行して資金調達を行うこと。

→金融取引には銀行だけでなく，証券会社や保険会社などの**金融機関**もかかわり，**金融システム**を形づくる。

金融機関の種類

中央銀行		日本銀行
民間金融機関	預金取扱金融機関	普通銀行，信託銀行，信用金庫，信用組合，労働金庫，農業協同組合・漁業協同組合など
	その他の金融機関	生命保険会社，損害保険会社，消費者金融会社，証券会社など
公的金融機関		日本政策投資銀行，日本政策金融公庫など

� 金融の循環

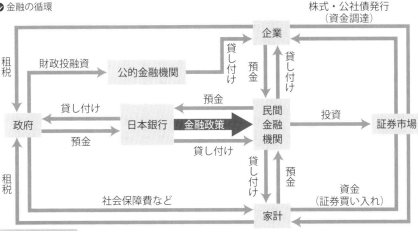

金融市場と金利

①**金融市場**（しじょう）…貸し借り，株式や債券などの売買（ばいばい）など，資金の取引が行われる市場のこと。

　▶短期金融市場（マネー・マーケット）…満期が1年未満の短期資金を対象とする市場。

　▶長期金融市場（資本市場）…満期が1年以上の長期資金を対象とする市場。

②**金利（利子率）**（りし）…お金の借り手が貸し手に支払う元金に対する利子の割合のこと。

　→短期金利と長期金利に分類。

　→短期金融市場において銀行間で貸し借りされる超短期資金の市場を**コール市場**，そこで用いられる金利は**コールレート**という。

③情報の非対称性（ひたいしょうせい）

　→貸し手は借り手の経済状況を完全に知ることはできない。

　→金融機関は経営状態の思わしくない企業に資金を貸し出すかもしれない。

　→資金配分上の非効率性が生じることがある。

　→ビッグデータの活用や金融商品の開発（**フィンテック**）の活用により金融取引にともなうコスト削減の動きもある。

◉ 債券と金利の関係

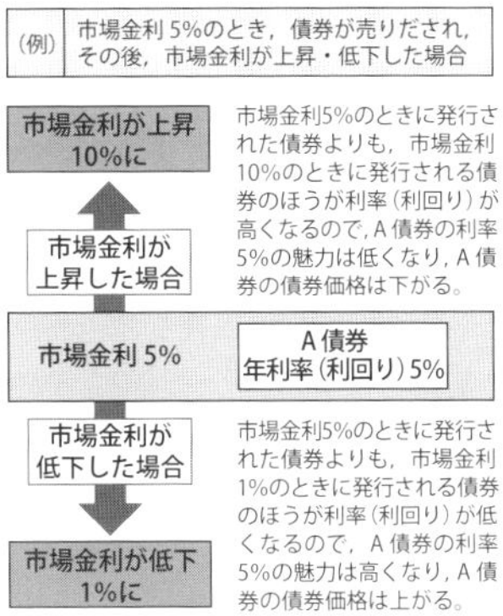

（例）	市場金利5%のとき，債券が売りだされ，その後，市場金利が上昇・低下した場合

市場金利が上昇 10%に	市場金利5%のときに発行された債券よりも，市場金利10%のときに発行される債券のほうが利率（利回り）が高くなるので，A債券の利率5%の魅力は低くなり，A債券の債券価格は下がる。
市場金利が上昇した場合	
市場金利5%	A債券 年利率（利回り）5%
市場金利が低下した場合	

市場金利が低下 1%に	市場金利5%のときに発行された債券よりも，市場金利1%のときに発行される債券のほうが利率（利回り）が低くなるので，A債券の利率5%の魅力は高くなり，A債券の債券価格は上がる。

2 中央銀行の役割と金融環境の変化

中央銀行の役割

①**中央銀行**…政府から独立して，国全体の経済活動を金融面から支える銀行のこと。
　→日本の中央銀行は**日本銀行**。

②中央銀行の目的…通貨価値の安定と信用制度の保持・育成。
　▶「**発券銀行**」…紙幣の発券を独占的に行う役割。
　▶「**銀行の銀行**」…金融機関に対して預金受け入れと資金の貸し出しを行う役割。
　　→金融危機など，ほかの金融機関が資金を貸し出さない場合は「**最後の貸し手**」として資金を提供する役割がある。
　▶「**政府の銀行**」…政府の資金（国庫金）や国債に関する事務や為替介入（公的介入）などの業務を，政府にかわって行う役割。

金融政策

①金融政策…中央銀行が行う，物価と景気の安定をはかるための政策のこと。
　→主要な手段は金融市場をとおして通貨量を調節すること。

②おもな金融政策手段
　▶**公開市場操作（オペレーション）**
　　→具体的な政策の内容は**金融政策決定会合**で決められる。
　　→その他の手段…従来は公定歩合（日本銀行が民間金融機関に対して行う貸付の金利）の操作や民間金融機関の預金準備率の操作が行われていたが，現在は行われていない。

③近年の金融政策
　▶**ゼロ金利政策**…デフレーションからの脱却と景気回復をはかるために，直接の政策目標（**政策金利**）とした無担保コールレートを０％に近づける政策のこと。

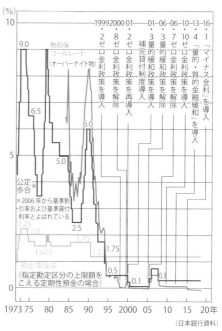

◆ 公定歩合，コールレートと預金準備率の推移

（日本銀行資料）

　▶**量的緩和政策**…日本銀行にもつ民間銀行の当座預金残高を増加させる政策のこと。
　　→政策目標を金利から通貨量へと切りかえて行われた。
　▶「**量的・質的金融緩和**」政策…日本銀行が直接供給する通貨量を年間約60〜80兆円増加させることなどによって，物価上昇率２パーセントを実現させようという政策。
　　→政策金利をゼロ未満にする**マイナス金利**も導入された。

💡 金融政策

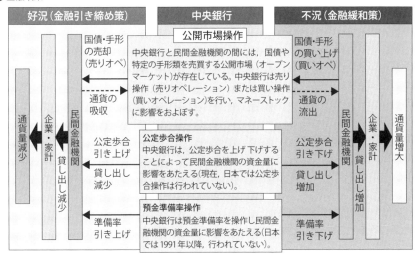

金融の自由化とさまざまな金融商品

①<u>金融の自由化・国際化の背景</u>…バブル経済の崩壊と経済のグローバル化で加速。

②<u>金融の空洞化</u>…1980年代以降、強い金融規制を受け海外資本が日本から流出した現象。
→対処するため、「金利の自由化」、「金融業務の自由化」、「外国為替業務の自由化」などの規制緩和が行われた。

③<u>日本型金融ビッグバン</u>…1996年に提唱された、金融制度改革のこと。
→1986年にイギリスで行われた金融制度改革になぞらえて提唱されたもの。
→この後、**ペイオフ**も解禁され、預金者の保護も緩和された。
▶ペイオフ…金融機関が破綻した際、元本1000万円までとその利息に限って払戻しを保証するという制度。

④金融商品の多様化
→銀行は預金だけでなく投資信託や外国債券、保険などの金融商品を提供する。
→消費者はさまざまな**リスク**と**リターン**を考慮して金融商品を選択できるようになった一方、**自己責任**も求められることになった。

⑤<u>金融危機の可能性</u>…金融の自由化と金融商品の多様化により、金融システムの規律をそこない、金融危機につながる可能性が増大。
→金融危機を未然にふせぐため、**BIS規制**のような国際的な規制を行う。
▶BIS規制…バーゼル合意にもとづく規制。銀行の自己資本比率について規制の統一基準を定め、これにより過剰な貸出を抑制する規制のこと。
→自由化と金融規制のバランスが重要になった。

アプローチ　進むキャッシュレス社会　教 p.132

1　キャッシュレス決済の種類

①キャッシュレス決済の種類

	おもな支払方法	支払いのタイミング
電子マネー	非接触型(タッチ式)	プリペイド(前払い)
デビットカード	接触型(差し込み式)	リアルタイムペイ(即時払い)
クレジットカード	接触型(差し込み式)	ポストペイ(後払い)
スマートフォン決済	コード型, 非接触型(タッチ式)	プリペイド(前払い), リアルタイムペイ(即時払い), ポストペイ(後払い)

▶電子マネー…現金を電子情報におきかえ, ICカードやスマートフォン端末に取りこんで決済するもの。

▶クレジットカード…利用者の信用に応じて与信枠(利用限度額)が設定される。

②キャッシュレス決済の多様化

▶メリット…現金をもち歩かなくてよい, ポイント制度が利用できる。

▶デメリット…端末導入店舗が限定される, 媒体の紛失・盗難の恐れがある。

→利用の際にはサービス内容や方法を吟味する必要がある。

2　世界の動向

①急速な拡大…世界中でキャッシュレス決済が急速拡大。日本は世界に比べて後進的。

▶アメリカや韓国…クレジットカード決済が普及。

▶スウェーデン…Swish(スウィッシュ)というスマートフォン用の決済アプリが普及。

▶中国…二次元コード決済が普及。

アプローチ　金融商品を活用した資産運用　教 p.133

1　金融商品のリスクとリターン

①資産運用…貯蓄と投資の二つの方法がある。

▶貯蓄の金融商品…普通預金, 定期預金, 積立預金など。

▶投資の金融商品…株式, 債券(国債・地方債), 投資信託など。

②金融商品の選択…各金融商品の安全性, 収益性, 流動性をふまえて, 自身のリスク許容度に見合う選択をすることが大切。

→金融商品には, リスク(不確実性)があり, リスクとリターン(収益)はトレードオフの関係にある。リスクが低くリターンが高い(ローリスク・ハイリターン)金融商品は存在しない。

2　豊かな人生に向けて

①投資…「長期」「積み立て」「分散」の三つの視点をもって, 価格の上昇を期待した中・長期での運用が重要。

②投資による効果…投資を行うことで, 経済や社会全体の発展に寄与できる。

→投資先の選定時に環境問題, 社会問題, 企業統治を重視するESG投資も注目されている。

→投資は自己責任が原則となるため, 自分に見あった資産運用を検討する必要がある。

テーマ3　財政の役割と持続可能な社会保障制度➡教 p.134~145

1 財政の働き

財政の機能

①**財政**…**政府**が、家計や企業などから得た収入で、行政サービスなどの公共目的のために支出を行う経済活動のこと。

- ▶**財政民主主義**…財政処理の基本原則。憲法第83条では「国の財政を処理する権限は、国会の議決に基いて、これを行使しなければならない」としている。

②**財政の3つの機能**

- ▶**資源配分の調整**…財政によって私的財と**公共財**の資源配分のアンバランスを調整するという機能。
  - →民間企業中心の市場経済では私的財に比べて公共財が相対的に不足しがちであるという事情が背景にある。
- ▶**所得の再分配**…高所得者と低所得者の所得のアンバランスを是正する機能。政府は**累進課税制度**や低所得者層への支出を通じて、所得を再分配している。
  - →累進課税制度…所得が高くなるにつれて、かかる税率が高くなるという制度のこと。
- ▶**景気の安定化**…景気の変動幅が大きいと国民生活に大きな影響を与えるため、景気変動の波をできるだけなだらかにしようとする機能のこと。

③**財政政策**…経済活動を利用した景気安定化のための手段の一つ。もう一つは金融政策。

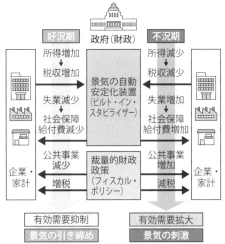

⬇ 景気安定化のしくみ

- ▶財政政策の例
  - 不況の際には財政支出を増加させ、減税を行い、民間需要を喚起する。
  - 好況の際には財政支出を減少させ、増税を行い、民間需要を抑制する。
    - →これらの対症療法的な財政政策を裁量的財政政策（**フィスカル・ポリシー**）とよぶ。
- ▶**ビルト・イン・スタビライザー**…自動安定化装置。フィスカル・ポリシーに対して、自動的に景気を調節する機能をもつ財政政策のことで、累進課税制度や失業給付などがこれにあたる。

財政のしくみ

①**歳入と歳出**…1会計年度における収入を**歳入**、支出を**歳出**とよぶ。

- →政府の財政は1会計年度（日本では4月1日から翌年の3月31日）で完結させるのが原則。

②**予算**…新しい会計年度が始まる前に立てられる歳入と歳出の計画のこと。

- →資金の出し入れを管理するのが**会計**であり、以下の2種類にわけられる。

▶**一般会計**…**租税**などの収入と政府の基本的な活動のための支出を総合的に管理するもの。

▶**特別会計**…特定の収入を特定の事業のために支出するもの。

③**財政投融資計画**…公的資金を財源（原資）として独立行政法人などに投資や融資を行うための計画。

→予算編成の際に同時に立てられる。

④**歳入の財源**…租税によってまかなうのが原則。

→新たに租税を課す場合は国会で議決を行う必要がある（**租税法律主義**）。

⑤**歳入の種類**

▶**租税収入**…法律によって定められた租税による収入で，返済義務はない。

▶**公債収入**…公債や借入金を財源とした場合の収入で，返済義務がある。

▶**財政収支**…歳出と租税収入の差のこと。

→歳出が税収を上回るときには**赤字財政**となり，これは公債収入によって不足分を補填する必要がある。

▶**プライマリー・バランス**…基礎的財政収支のことで，歳出から公債金を差し引いたものと租税収入などの歳入の差のこと。

→財政の健全性をはかる指標の一つ。

◆ 予算編成のプロセス

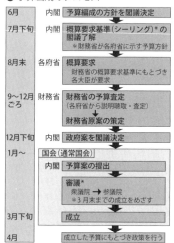

◆ 財政のしくみ

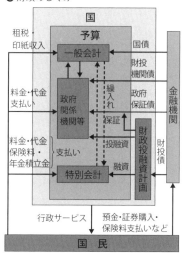

◆ 日本の歳入と歳出（一般会計）　（財政金融統計月報）

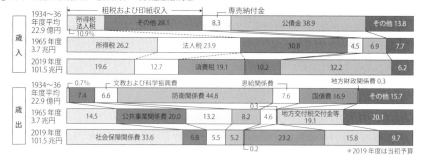

＊2019年度は当初予算

2 財政の課題

租税の分類

①徴税主体による分類

- ▶**国税**…国が徴税主体である税のこと。
  - →**法人税**, **所得税**, **消費税**などがこれにあたる。
- ▶**地方税**…地方公共団体が徴税主体である税のこと。
  - →事業税, **住民税**, 固定資産税などがこれにあたる。

②納税法による分類

- ▶**直接税**…担税者(税を負担する人)と納税者(税を納める人)が同一である税のこと。
- ▶**間接税**…担税者と納税者が別である税のこと。

③徴税の原則…**公平**(垂直的公平, 水平的公平), **中立**(市場の働きを阻害しない), **簡素**の三つの原則。

↓ 主要国の国税の直間比率(財務省資料)

日本 (2018年度)	直接税58.1% 所得税30.3 19.4 法人税	間接税 41.9	
アメリカ (2014年度)	93.5 75.6 16.9	6.5	
イギリス (2016年度)	55.5 38.2 10.7	44.5	
ドイツ (2016年度)	47.2 37.5 4.5	52.8	
フランス (2016年度)	42.0 19.8 14.6	58.0	

↓ 租税の種類(国税庁資料)

		直接税	間接税
国税		所得税　法人税　相続税 贈与税　その他	消費税　酒税　たばこ税 揮発油税　関税　印紙税 その他
地方税	(都)道府県税	道府県民税(都民税) 事業税　不動産取得税 自動車税　その他	地方消費税　軽油引取税 ゴルフ場利用税 道府県たばこ税(都たばこ税)　その他
	市(区)町村税	市町村民税(特別区民税) 固定資産税　軽自動車税 都市計画税　その他	市町村たばこ税 (特別区たばこ税) 入湯税

国債 (公債)

①**公債**…国または地方公共団体の税収不足を補うために発行するもの。

- →公債には**国債**と地方債がある。
- ▶国債…**建設国債**, **特例国債**, 借換国債, 復興債に分類できる。
- ▶建設国債…公共事業のために発行する国債のこと。その限度や, 日本銀行による引き受けを禁止する**市中消化の原則**が財政法に規定されている。
  - →市中消化の原則…日本銀行の国債引き受けを禁止することによって, 市中に過度に通貨が出回り, その結果インフレーションとなることを防止する目的で定められた原則。

▶特例国債…公共事業以外の支出をまかなう国債のこと。
　　→赤字の補填を目的とするから**赤字国債**ともよばれる。

財政問題と財政危機

①**財政赤字**

▶1970年代の石油危機をきっかけに，高経済成長期以来の成長が鈍化して財政赤字が顕在化することとなった。
　→これにより建設国債・特例国債ともに国債発行が増加。

▶バブル経済崩壊後再び収支が悪化し，2019年末には累積国債残高は900兆円に迫りGDPの1.6倍にまで膨れ上がるなど，**財政危機**は深刻化している。

②**赤字の克服**

▶**プライマリー・バランス**における赤字の改善のために政府は税収の増加に傾注。
　→国民所得に対する税負担と社会保障負担の比率(国民負担率)は増加。

③**国債残高の増加の影響**

▶**財政の硬直化**…借金の増大により，返済を優先するあまり社会保障や教育などの行政サービスにかかる支出に回す資金が減少し，財政の正常な働きをそこねること。
　→**財政再建**が大きな課題。

> **財政法第4条**
> 　国の歳出は，公債又は借入金以外の歳入を以て，その財源としなければならない。但し，公共事業費，出資金及び貸付金の財源については，国会の議決を経た金額の範囲内で，公債を発行し又は借入金をなすことができる。

🔽国債発行額と国債依存度の推移(財政金融統計月報)

3 社会保障の考え方

社会保障の意義

①社会保障の成り立ち

- ▶**自助**…他人に頼ってはいけないという考え方。現代の自己責任論に通じる。
  - →農業中心の社会では，住民相互の**共助**によって対処したが，資本主義社会において共同体のつながりが弱まった。
  - →共助にかわり**公助**＝国が生活を保障する**社会保障**が登場した。

②社会保障制度の歩み

- ▶当初は治安対策ないし国民に対する元首の慈善・恩恵の性格が強かった（イギリスの救貧法など）。
- ▶ビスマルクの**社会保険制度**も，社会主義者鎮圧法に対する代償という意味合いが強い。
- ▶20世紀には疾病や失業による生活不安を軽減して老後の生活を保障することは国の義務であり，保障を受けることは生存権などの国民の権利であるとする考え方が発生。

◆ 近代社会保障制度の確立過程

1601	(英)	エリザベス救貧法制定
1883	(独)	疾病保険法制定
1911	(英)	国民保険法制定
1935	(米)	連邦社会保障法制定
1942	(英)	ベバリッジ報告書発表
1944	ILO	フィラデルフィア宣言採択
1952	ILO	社会保障の最低基準に関する条約採択

- ▶**連邦社会保障法**…世界恐慌後，失業者とその家族を救済するためにアメリカで制定された法律。
  - →ニューディール政策の一環として1935年に制定。「社会保障(social security)」ということばはここではじめて使用された。

③近代的な社会保障制度

- ▶**ベバリッジ報告**…すべての国民を対象として，一生を通じて最低限度の生活(ナショナル・ミニマム)を保障することを基本原則とした，イギリスの経済学者ベバリッジによる報告書。1942年に発表。
  - →イギリスでは，ベバリッジ報告にもとづいて**「ゆりかごから墓場まで」**をスローガンとした社会保障制度が構築された。

④福祉国家

- ▶イギリス・北欧型…社会保障の財源をおもに公費(租税)でまかない，全国民を対象に平等に給付するもの。
- ▶大陸型(ドイツ・フランスなど)…職域ごとの社会保険を主体として不足分を公費で補うもの。
- ▶混合型(日本)…職域などの社会保険の形をとりつつ，国・被保険者・事業主の三者が費用を負担するもの。

日本の社会保障制度

①生存権…憲法第25条に規定される権利。

　→「国は，すべての生活部面について，**社会福祉，社会保障**及び**公衆衛生**の向上及び増進に努めなければならない」とする。

　→「社会保障」は**社会保険**と**公的扶助**をさす。

②**社会保障の四つの柱**…社会保険，公的扶助，社会福祉，公衆衛生。

③**社会保険**…国が関与する非営利の保険。**医療保険，年金保険，労災保険**（労働者災害補償保険），**雇用保険，介護保険**の五つがあり，病気，負傷，失業などの際に保障を行う。

　▶費用負担…政府，事業者，被保険者の三者が負担する。

④**公的扶助**…生活困窮者の困窮度に応じて，無差別，平等に援助を行う制度。

●日本の社会保障制度

社会保険	医療	健康保険，船員保険 各種共済組合 国民健康保険	保険料（本人・事業主）・公費（租税）負担
		後期高齢者医療制度	
	年金	国民年金 厚生年金保険	
	雇用	雇用保険	
	労災	労働者災害補償保険 公務員災害補償 船員保険	
	介護	介護保険	
公的扶助		生活保護 その他の社会手当	公費（租税）負担
社会福祉		児童福祉 母子・父子・寡婦福祉 障害者福祉 高齢者福祉	公費（租税）負担
公衆衛生	医療	健康増進対策 難病・感染症対策 保健所サービスなど	公費（租税）負担
	環境	生活環境整備 公害対策 自然保護など	

　→生活，医療，教育，住宅，出産，生業，葬祭，介護の8分野が対象。

　▶費用負担…全額公費負担で，財源は税。

　▶関連する法律…根拠法は**生活保護法**。

⑤**社会福祉**…社会的弱者に対してさまざまな施設・サービスなどを提供する。

　▶費用負担…おもに公費負担。

　▶関連する法律…全国の**福祉事務所**を中心に，児童，母子及び父子並びに寡婦，老人，身体障害者，知的障害者の各福祉法にもとづいて行われる。

⑥**公衆衛生**…疾病の予防，治療，衛生教育などによる国民の健康増進や，公害対策をとおした環境衛生の改善を目的とする。各自治体における**保健所**が中心。

④ 社会保障の課題とこれから

少子高齢社会

①**少子高齢化**…子どもの数が減少し，高齢者の数が増加すること。
  - ▶高齢化率(総人口に占める65歳以上の人口の割合で高齢化の程度を示す)
    - →1980年代に入って急速に上昇。
  - ▶高齢化率別の分類…高齢化社会(7％超)，高齢社会(14％超)，超高齢社会(21％超)。
    - →日本は**超高齢社会**(高齢化率が28％(2018年))。
②**少子化**…日本は**合計特殊出生率**(一人の女性が生涯に出産する子どもの数)が減少し，死亡者数が出生者数を上回る**人口減少社会**に突入。
    - →**生産年齢人口**も減少し，一方で高齢化が継続すると21世紀半ばには高齢化率は40％近くになると予想される。

社会保障制度の課題

①社会保障制度の整備・拡充
  - ▶日本は1960年代初期までに**国民皆保険**と**国民皆年金**を実現。
    - →高齢化社会の影響で社会保障給付費が増大，各保険制度改革(**後期高齢者医療制度**や**基礎年金制度**，**マクロ経済スライド**)などにより財政難を回避。
    - →現在は限界に達している。

◆ ライフサイクルからみた社会保障制度

②社会保障制度の財源確保
  - ▶低福祉・低負担の場合…低所得者には貯蓄する余裕がなく厳しい。
  - ▶高福祉・低負担の場合…財政赤字を抱えているため現実的ではない。
  - ▶高福祉・高負担の場合…消費税率の引き上げを行ったが，実際は法人税減税の補填に充てられている。
  - ▶福祉社会…社会全体が福祉水準の向上を目指す社会のこと。社会的弱者も安心して生活できる社会。

福祉国家の実現に向けて

①福祉国家…政府が積極的な社会経済政策を行うことで国民生活の安定と福利の増進がはかられる国家。イギリス，スウェーデンなどの国々が代表的。「大きな政府」。
    - →GDP比の社会保障給付費(特に社会福祉関連)，経済成長率，出生率・合計特殊出生率が高い。

アプローチ　「人生100年時代」の老後に備える年金制度　教 **p.144~145**

1　社会保障制度としての公的年金

①年金保険の分類…公的年金と私的年金に分類できる。

②日本の年金制度…1961年に国民皆年金が実現，いまでは20歳以上60歳未満のすべての人が国民年金に加入して保険料をおさめることが法律で義務づけられている。

2　公的年金のしくみと特徴

①公的年金の財源方式…積立方式と賦課方式。

▶積立方式…将来の年金として現役時代から保険料を積み立てておき，積み立てた分が財源となる。

▶賦課方式…年金支給に必要な財源を，そのときどきの現役世代がおさめた保険料によって調達する。

→日本は両者の混合型から，2004年の制度改革で賦課方式を基本とするしくみに変更。

3　持続可能な公的年金をめざして

①年金制度改革

▶2004年に年金制度改革関連法が成立。

→保険料の引き上げスケジュールを固定したうえで自動的に財源のバランスをとるしくみが導入。

→保険料の引き上げ，マクロ経済スライドの導入，厚生年金の年金支給開始年齢を65歳へ引き上げ，短時間労働者の被用者保険（厚生年金）への適用拡大など。

▶マクロ経済スライド…社会情勢に応じて年金の給付水準を自動調整するしくみ。

→導入後，少子高齢化による影響を年金額に反映するなどの調整が可能となった。

4　個人として老後に備える

①私的年金の備え…減少する公的年金の不足分を，私的年金で量的に代替させる役割の高まり。

→確定拠出年金制度（日本版401k）や個人型確定拠出年金iDeCoの減税措置など。

日本の公的年金制度のまとめ

国民皆年金	20歳以上60歳未満のすべての人が加入。
世代間扶養	現役世代が負担する保険料で受給世代を支える（賦課方式を基本とした財源運営）。
社会保険方式	加入者が保険料をおさめ，それに応じて年金給付を受け取る。原則として保険料をおさめていなければ年金はもらえず，おさめた保険料や期間の長さによって支給される年金額が異なる（給付には，原則最低10年の納付が必要）。
マクロ経済スライド	少子化が進み人口が減少するなかで，現役世代の負担が過重なものとならないよう保険料の上限を固定し，その限られた財源の範囲内で年金の給付水準を徐々に調整するしくみ。

賦課方式・積立方式

賦課方式

現役世代の納めた保険料を，そのときの年金受給者に支払う

積立方式

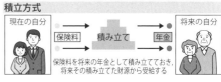

保険料を将来の年金として積み立てておき，将来その積み立てた財源から受給する

☑ 重要用語チェック！❻

(1)	資源を利用することを選択した際，それによって失った利益のこと。つまりほかのことに利用すれば得られたはずの利益のこと。
(2)	株式の発行によって集めた資金をもとにして設立された会社で，会社企業の代表格。
(3)	企業が生産によって新たに生み出した価値のこと。生産総額から原材料など中間生産物を差し引いて算出する。
(4)	1955年ごろから1973年までの日本の経済成長のこと。
(5)	第四次中東戦争にともなうOPEC（石油輸出国機構）による原油価格の引き上げの影響により石油をはじめ諸物価が高騰したこと。
(6)	一定量の金を基準として各国の通貨の価値を決める制度。金との交換（兌換）を義務づけられた紙幣（兌換紙幣）を用いた。
(7)	国家が経済状況を勘案しながら流通する通貨量を調節する制度。
(8)	中央銀行が行う，物価と景気の安定をはかるための政策のこと。
(9)	自動安定化装置の意。フィスカル・ポリシーに対して，自動的に景気を調節する機能をもつ財政政策のこと。累進課税制度や失業給付などがこれにあたる。
(10)	担税者（税を負担する人）と納税者（税を納める人）が同一である税のこと。
(11)	生活困窮者に対して，その程度に応じて無差別，平等に援助を行う制度。全額公費負担で財源は税である。根拠法は生活保護法であり，生活，医療，教育，住宅，出産，生業，葬祭，介護の8分野が対象。
(12)	世界恐慌後，失業者とその家族を救済するためにアメリカで制定された法律。ニューディール政策の一環として1935年に制定。「社会保障（social security）」ということばはここではじめて使用された。
(13)	政府が積極的な社会経済政策を行うことで国民生活の安定と福利の増進がはかられる国家。

📝 演習問題 ❻

1 次の問いに答えよ。

(1) 一国全体で一定期間内にどれほどの経済活動が行われたかを示す指標を何というか。 (　　　　　　　)

(2) 日本語では国富と表される，過去から蓄積された個人・企業・国の建築物・機械・土地などといった実物資産と対外純資産のある時点での蓄積量のことを何というか。 (　　　　　　　)

2 次の文中の①〜⑥にあてはまる語句を答えよ。なお，②・⑤・⑥は適切なものを選べ。

敗戦直後の日本経済は，深刻な物資不足とそれにともなう物価騰貴から始まった。政府は，これを脱却するため，まずは(①　　　　　　　)方式によって石炭・鉄鋼などの産業に資金を集中させ，生産体制の回復を優先した。しかし，政府系の金融機関からの多額の融資を行ったため，通貨量は過剰となり，激しい(②　インフレーション　・　デフレーション　)となった。GHQはこれに対し，(③　　　　　　　)とこれを具体化した(④　　　　　　　)を示し，急激な(⑤　インフレーション　・　デフレーション　)政策を行った。これにより日本は恐慌に見舞われたが，その後発生した(⑥　湾岸戦争　・　朝鮮戦争　)にともなう特需により，経済復興を遂げた。

3 次の問いに答えよ。

(1) 次の図は，信用創造のしくみについて説明した図である。①〜④に当てはまる数字を答えよ。なお，預金は100万円，預金準備率は10%とする。

	A銀行	B銀行	C銀行	D銀行
新規預金	100	►(　①　)	►(　②　)	►(　③　)
預金準備	10	9	8.1	(　④　)
貸出	(　①　)	(　②　)	(　③　)	‥‥‥
貸出先	X社	Y社	Z社	

①(　　　　) ②(　　　　) ③(　　　　) ④(　　　　)

(2) 金融機関が破綻した際，元本1000万円とその利息に限って払戻しを保証するという制度を何というか。 (　　　　　　　)

(3)　バーゼル合意にもとづいて定められた，銀行の自己資本比率について規制の統一
基準を定め，これにより過剰な貸出を抑制する規制のことを何というか。

（　　　　　　　　　　）

(4)　次の①~④の文章は，日本の社会保障制度における四つの柱について説明したも
のである。①~④の文章が説明しているものを下のア~エの中からそれぞれ選べ。

①　国が関与する非営利の保険。医療保険，年金保険，労災保険，雇用保険，介護
保険の五つがあり，その費用は政府，事業者，被保険者の三者が負担する。

②　生活困窮者に対して，その程度に応じて無差別，平等に援助を行う制度。全額
公費負担で財源は税である。根拠法は生活保護法であり，生活，医療，教育，住
宅，出産，生業，葬祭，介護の8分野が対象。

③　社会的弱者に対してさまざまな施設・サービスなどを提供するもので，おもに
公費負担。全国の福祉事務所を中心に，児童，母子及び父子並びに寡婦，老人，
身体障害者，知的障害者の各福祉法にもとづいて行われる。

④　疾病の予防，治療，衛生教育などによる国民の健康増進や，公害対策をとおし
た環境衛生の改善を目的とする。各自治体における保健所が中心。

①（　　　　）②（　　　　）③（　　　　）④（　　　　）

ア　公衆衛生　　イ　公的扶助　　ウ　社会保険　　エ　社会福祉

4 次の文中の①~⑤にあてはまる語句を答えよ。

社会保障のはじまりは，治安対策ないし国民に対する元首の慈善・恩恵の性格が強
かった。近代的社会保障制度のはじまりとされるビスマルクの（①　　　　　）制
度も，社会主義者鎮圧法に対する代償という意味合いが強いものであった。20世紀に
なると，疾病や失業による生活不安を軽減して老後の生活を保障することは国の義務
であり，保障を受けることは（②　　　　）権などの国民の権利であるとする考
え方が発生した。日本国憲法においても（②）権は第25条に規定されている。

さて，20世紀のアメリカでは1929年に発生した（③　　　　）後，失業者とそ
の家族を救済するために連邦社会保障法が制定された。これは当時のローズベルト大
統領が恐慌からの脱却のために行った（④　　　　）政策の一環であり，「社会
保障（social security）」ということばはここで初めて使用された。さらにそのあとイギ
リスでは，経済学者ベバリッジによる報告にもとづいて，すべての国民を対象として，
一生を通じて最低限度の生活（ナショナル・ミニマム）を保障することを基本原則とし
た社会保障制度が構築された。「（⑤　　　　）」というスローガンは有名である。

［解答→p.167］

第4章 私たちの職業生活

教科書 p.146~157

テーマ1　働くことの意義と職業選択 ➡ 教 p.146~151

1 働くということ

働くことの意義

①2種類の労働

- ▶ 有償労働（ペイドワーク）…報酬が支払われる労働のこと。
- ▶ 無償労働（アンペイドワーク）…家事・育児などの報酬が支払われない労働のこと。
  - →「職業」…そこから収入を得て生計を維持するための有償労働のこと。**職業労働**。

②職業につく三つの意義

- ▶ **経済性**…お金を稼ぐこと。
- ▶ **社会性**…社会的な役割をになって社会の存続・発展に貢献すること。
- ▶ **個人性**…個性を発揮して自分の目標を達成すること。**自己実現**。
  - →さらに，職業は人からの評価（**社会的評価**）を受ける機会を提供する。

◆ 理想の仕事の条件の推移

条件		年	1973	1993	2013
仲間	仲間と楽しく働ける		15%	21%	20%
失業	失業の心配がない		11%	12%	19%
専門	専門知識や特技が生かせる		15%	17%	18%
健康	健康をそこなう心配がない		28%	20%	17%
貢献	世の中のためになる		6%	5%	9%
収入	高い収入が得られる		6%	10%	7%
時間	働く時間が短い		5%	5%	4%
独立	独立して，人に気兼ねなくやれる		10%	5%	3%
責任	責任者として，采配が振るえる		2%	3%	3%
名声	世間からもてはやされる		0%	0%	0%

NHK放送文化研究所『現代日本人の意識構造』第八版

産業社会の発達と職業

①世襲と選択…近代以前は職業を「世襲」する時代。

- ▶ 世襲…その家に属した職業などを，代々受け継いでゆくこと。
  - →産業革命・資本主義経済の成立と発展によって職業を「選択」する社会となった。
  - →経済発展によってさまざまな産業が生まれ，社会が複雑になってゆくと分業が進んだ。
  - →仕事の高度化・職業の専門分化によりさまざまな職業が発生。

◆ 産業構造と就業人口割合の推移

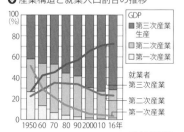

（日本年間統計）

②現代日本の様相…現在，日本の就業者は8割以上が**雇用者**。

- ▶ 雇用者…企業などに雇われて賃金を得る者のこと。

③以前の様相…1950年代前半には**自営業者**が約6割を占めていた。

- ▶ 自営業者…（チェーン店などではない）飲食店・学習塾・肉屋などの小売業者のこと。
  - →産業構造の高度化によって就業構造も変化し，自営業者の比率は減少し続けている。

④職業の分類…職業は「**職種**」別や「**業種**」別に分類される。

- ▶ 職種別分類…必要とされる知識・技能や生産される財・サービスなど「個人の仕事」を基準にした分類。
- ▶ 業種別分類…事業所で行われる経済活動（産業）＝職場による分類。

⬇ 職業分類（厚生労働省編）と大分類の構成割合（2015年）

	大分類	職業の例	構成割合
A	管理的職業	企業の役員や部長・課長，店長，国会議員，都道府県の知事，地方公共団体の局長・部長・課長など	2.4%
B	専門的・技術的職業	研究者，さまざまな技術者，医師，看護師，薬剤師，裁判官，弁護士，司法書士，教諭，教授，記者，デザイナー，音楽家，写真家，芸術家，宗教家など	15.9%
C	事務	一般事務員，会計事務員，窓口事務員，オペレーターなど	19.0%
D	販売	企業の営業，商店の販売員・レジ係，商品販売外交員など	12.6%
E	サービス職業	美容師，理容師，調理人，接客係，ツアーコンダクターなど	11.6%
F	保安職業	警察官，消防員，警備員，海上保安官，自衛官など	1.9%
G	農林漁業	農耕作業者，造園師，育林作業者，水産養殖作業者など	3.6%
H	生産工程	生産設備制御・監視員，機械修理工，自動車整備工など	13.5%
I	輸送・機械運転	電車運転士，車掌，鉄道輸送関連業務従事者，バス運転者，航空機操縦士，発電員など	3.4%
J	建設・採掘	電気通信設備工事従業者，配管従事者，大工，採鉱員など	4.4%
K	運搬・清掃・包装等	配達員，ビル・建物清掃員，産業廃棄物処理従事者など	6.6%
L	分類不能の職業		5.1%

労働市場とは

①**労働市場**…労働・サービスが売買され，その対価として賃金が支払われる場のこと。
　→労働市場においては，労働者が企業の必要としている**労働力**の需要（**求人**）に対して，これを提供するという取引が行われる。
　→労働供給（**求職者数**）と労働需要（**求人数**）が均衡するように需給調整が行われる。
　▶**労働条件**…労働者が労働する際の，賃金や環境などの条件のこと。労働組合などもかかわりながら決定される。
　　→需給調整の状態を示す指標として，**有効求人倍率**，**新規求人倍率**，**完全失業率**などがある。
　▶有効求人倍率…新規学卒者（その年に中学・高校や大学を卒業し，社会人となる人）を除いた有効期限内の求人数を求職者数で割った数値のこと。

②**人口減少・少子高齢化**が労働市場にあたえる影響
　▶少子化による**生産年齢人口**などの労働力人口の減少…労働供給量が減少し，人手不足が懸念される。
　▶労働力の年齢別構成の不均衡問題への対策…女性や高齢者に対して労働供給をうながす，外国人労働力の活用など。
　▶生産年齢人口…15〜64歳の人口。2018年時点で7484万人（人口の6割を下回る）。
　▶労働力人口…働く意思をもつ15歳以上の人の数のこと。

2 多様な職業選択

職業を選ぶポイント

①将来の職業生活への準備…現在どんな勉強が必要か，卒業後にはどのような学びをするか，などの目標や見通しをもつ。
　→興味のある職種の内容や労働条件，必要な能力や資格・免許などを調べて適性とともに準備をすることが必要。

②職業選択のポイント
　▶就業形態…**雇用者**(企業や官公庁に就職する)，**自営業者**(起業したり，家業を継いだりする)などの選択。
　▶雇用形態…**正規雇用・非正規雇用**。
　　→正規雇用…労働契約のうち，雇用期間の定めなく雇用するもの。
　　→非正規雇用…正規雇用以外の有期雇用のこと。パートタイム(アルバイト)，契約社員，派遣社員などの形態がある。

③キャリアプランニング…自分の理想とする人生設計のこと。
　→勤務条件や労働環境は，働き方や選んだ職業によって異なるため，**求人票**で**労働条件**を吟味し，将来の生活設計を考えていく必要がある。
　▶求人票…雇用する側が，業務内容や雇用形態，その期間，就業場所や時間，休日・休暇，賃金・手当，社会保険など，さまざまな労働条件を記載して示す書類のこと。

多様化するキャリアの選択

①企業の「平均寿命」…企業が創業してから倒産するまでの期間のこと。
　→2018年に倒産した企業の平均寿命は23.9年(東京商工リサーチ調べ)。
　→個人が職業キャリアのすべてを一つの組織にゆだねる時代は終わりつつある。

②雇用者の選択肢…雇われて働く際の選択肢は企業や官公庁以外にもある。
　→例：NPO(民間非営利組織)や国内の外資系企業，海外の企業・機関など。

③兼業や副業…人手不足を背景に，本業のほかに**兼業**や**副業**をうながす動きも登場。
　▶複業…複数の仕事を同列に本業とする働き方。副業をもじったもの。
　　→かつては**離職**や**転職**は否定的にとらえられがちであったが，現代ではいろいろな業種や企業を横断的に移動しながら働く生き方もある。

④雇用されない働き方…**起業**や**フリーランス**などの選択肢も存在する。

これからのキャリア形成の課題

①自律的なキャリア形成…**AIの進化**などの技術革新により，職業労働のあり方が大きく変化する可能性があるなか，組織に頼らない自分の**価値基準**をもつことが大切。
　▶価値基準…職業生活のなかで何を重視するか(人間関係や労働条件など)，自分の適性をどのような仕事で見いだすかなど，判断基準となる軸。

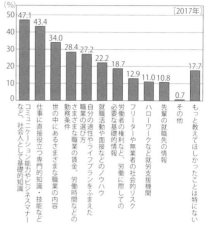

就労に関して教わりたかったこと
(内閣府「子供・若者の意識に関する調査」2017年)
[2017年]
47.1／43.4／34.0／28.4／27.2／22.2／18.7／12.9／11.0／10.8／0.7／17.7
コミュニケーション能力やビジネスマナーなど、社会人として基礎的知識／仕事に直接役立つ専門的知識・技能など／世の中にあるさまざまな職業の内容／さまざまな職業の選び方／勤務条件や職業の賃金、労働時間などの／自分の適性やライフプランをふまえた／就職活動や面接などのノウハウ／必要な基礎的情報／労働者の権利など、労働に際しての／フリーターや無業者の社会的リスク／ハローワークなど就労支援機関／先輩の就職先の情報／その他／もっと教えてほしかったことは特にない

②変化に対応するために…自らのキャリ
　アをふり返り，適宜知識・技能や考え
　方を**学び直す**ことが必要。
　▶**リカレント教育**…学校教育からはな
　　れたあとに再度，必要なタイミング
　　で受ける教育のこと。
　　→リカレント（Recurrent）とは繰り
　　　返す，循環するという意味。
　　→社会人が職業能力の向上などのた
　　　めに学校に入ることなどを指す。
　▶**アンラーニング**…学び直す際に障害
　　となる，古い考え方や価値観を意識
　　的にすて去ること。
　　→そのためには自分の現在の環境と
　　　距離をとり，自律的に考えるゆとりが必要。

🔽 職業価値観の類型
（労働政策研究・研究機構「労働政策研究機構報告書」No.146）

達成感	努力した結果が達成感に結びつく。
成長	新しいことが学べ，仕事を通じて成長できる。
社会的地位	人から認められる，あるいは社会的な地位が高い。
人間関係	人に喜んでもらえる，あるいは同僚などと和気あいあい働ける。
自律性	自ら意思決定し，自主的に業務を遂行できる。
労働条件	雇用や報酬が安定し，安全な作業環境である。

「就職活動」

▶就職活動…労働市場において，求人にもとづいて求職者の採用選考を行う場のこと。
　→日本では新規学卒者の労働市場が存在し，新規学卒者が4月に一括採用されるスタイルが定着している。
　●新規高卒者の場合
　　→学校へ届く求人票をもとに校内選考や職場見学などののち，学校推薦で一社に応募するという原則を採用する都道府県が多い（「一人一社」制）。
　●新規大卒・専門学校卒の場合
　　→採用選考のスケジュールがあらかじめ定められており（就活ルール），それにあわせて自分で応募し，選考を受ける。
　●中途採用の場合
　　→ハローワーク（公共職業安定所）や求人広告・情報誌，民間の職業紹介サービス（転職エージェント）などを介して行うことが多い。

テーマ2　労働者の権利と雇用・労働問題 ➡ 教 p.152～157

1 労働者の権利

資本主義社会における労働

①労働契約…企業の生産活動においては，企業が**労働力**の買い手，労働者が売り手となり，たがいに自由な契約主体として**労働契約**を締結する。

▶労働契約…企業が労働者に対し，労働力の対価として賃金を支払うことを内容とする契約。労働契約法第6条に規定される。

　→企業と労働者がどのような条件で契約を結ぶかは自由である（**契約自由の原則**）。

　→しかし，実際は企業と労働者の関係は対等とはいえない。

②**労働問題**…労働時間・労働環境・賃金など，労働における問題。

　→一人ひとりでは無力な労働者も，**労働組合**を結成することで自らの労働条件の改善などに向けて企業と交渉することができるようになる。

▶労働組合…一人ひとりでは弱い立場の労働者が団結して，労働条件の改善など，経済的地位向上をはかることをおもな目的とする団体のこと。

労働者の権利と労働三法

①労働三権

▶**団結権**…労働条件の維持改善のために，労働者が労働組合を結成して団結する権利，また労働組合に加入する権利。

▶**団体交渉権**…労働組合が労働者を代表して企業または企業団体と労働条件などについて交渉できる権利（企業が正当な理由なく拒否すれば**不当労働行為**となる）。

▶**団体行動（争議）権**…労働者が労働条件などについての自らの主張を貫徹するために，業務の正常な運営を阻害するストライキなどの争議行為を行う権利。

②労働三権の保障…労働三権は，労働組合法と日本国憲法第28条によって保障されている。

③**労働三法**

▶**労働組合法**…労働者の地位向上，つまり労働者と使用者が対等の立場に立つことを促進し，労働三権を労働基本権として初めて法的に保障。

▶**労働関係調整法**…労働関係の公的な調整，労働争議の予防・解決を目的とする法律。

　→**労働委員会**を設置し，争議に対して**斡旋**（話しあいの促進），**調停**（調停案の提示），**仲裁**（強制力のある仲裁裁定）を行う。

❤ 憲法が保障する労働者の権利

憲法第27条	勤労の権利と義務	職業安定法　雇用保険法 労働施策総合推進法 障害者雇用促進法 男女雇用機会均等法
	労働条件の基準の法定	労働基準法　最低賃金法 労働契約法　労働安全衛生法 労働者災害補償保険法 家内労働法
	児童酷使の禁止	児童福祉法　児童扶養手当法 母子及び父子並びに寡婦福祉法
憲法第28条	団結権	労働組合法　労働関係調整法 行政執行法人労働関係法
	団体交渉権	地方公営企業等労働関係法
	争議権	国家公務員法 地方公務員法

→労働委員会…使用者，労働者，公益の各代表による行政委員会。

▶ **労働基準法**…労働契約・賃金・労働時間（週40時間），女子および年少者の保護など，労働条件の最低基準を規定。
→労働基準法施行のために全国に**労働基準監督署**を設置。

④**最低賃金法**…労働者が受け取るべき賃金の最低額を保障する法律。
→水準は諸事情を考慮して地域によって異なる。

⑤**労働契約法**…就業形態の多様化を背景に制定された法律。労働条件を決定するための基本的ルールを定める。

⬇労働基準法のおもな内容

契約	労働条件の明示（第15条） 解雇は最低30日前に予告（第20条）
賃金	男女同一賃金（第4条） 毎月1回以上の支払い（第24条） 時間外・休日・深夜時の割増（第37条）
労働時間・休日	1週40時間，1日8時間以内（第32条） 毎週1日の休日（第35条） 6か月以上勤務の労働者に有給休暇の付与（第39条）
年少者	15歳未満の労働禁止（第56条） 18歳未満の深夜労働を禁止（第61条）
女性	産前6週間，産後8週間の休業の保障（第65条）

労働条件の改善に向けて

①**労働組合の組織率**…雇用慣行の変化によって労働組合の組織率は低下している。
→その一方，非正規雇用者による労働組合組織も見られるようになった。

⬇最近の労働法制の動き

法律名		改正・施行年	おもな内容
労働基準法	変形労働時間制	1999年施行	1日8時間をこえる労働が可能で，①1週間単位②1か月単位③1か月をこえ1年以内の期間単位の3種類ある。③については1日10時間までの労働が認められるようになった。
	裁量労働制	2000年施行	見なし労働時間制の適用。研究開発など11業種から企画などのホワイトカラーに適用拡大。
労働契約法		2008年施行	採用，労働条件の変更，解雇など労使間の雇用ルールの明確化（有期雇用の契約を含む）。
		2012年改正	無期労働契約への転換などの導入。
労働者派遣法		1999年改正	26業種に限られていた対象業務を原則自由化。
		2015年改正	派遣労働者の同一部署での勤務を上限3年に。
育児・介護休業法		2001年改正	休業や休業の申し出が理由での解雇その他不利益な取扱い禁止。
		2017年施行	育児休業や介護休業の取得要件を緩和。
男女雇用機会均等法		1999年施行	募集，採用，配置，昇進などの差別禁止。
		2007年施行	男女双方への差別禁止に拡大。
		2017年施行	マタニティー・ハラスメントへの対策を義務化。

2 現代の雇用・労働問題

雇用環境の変化

①日本型雇用慣行…日本では，戦後，日本的雇用慣行(**日本的経営方式**)が生まれた。

　　→長期雇用(**終身雇用**)，**年功序列賃金**，**企業別労働組合**の三つの特徴をもつ。

　　→1990年代以降，グローバル化や長期不況によって徐々に変化し，**雇用の流動化**が進む。

　　例：リストラの一環としての**雇用調整**など。

　　→政府は**労働者派遣法**を改正して派遣労働者を広い職種に認めた。

　　▶労働者派遣法…派遣労働者の雇用の安定などについて規定した法律。

　　　　→この改正によって，現在においてパートタイム，アルバイトを含む非正規雇用者の割合は全雇用者の40%になろうとしている。

②賃金制度の変化…**能力主義・成果主義**にもとづく賃金制度が広く採用されている。

　　例：職務給，年俸制など。

　　→最近では，高度な技術をともなう職種について，裁量労働制や高度プロフェッショナル制度(高プロ制度)なども導入が進められている。

　　▶職務給…勤続年数などではなく，職務に応じて給与額を決定する制度。

　　▶年俸制…毎年の契約で決める年俸を，個人の業績で上下させる制度。

　　▶裁量労働制…労働時間管理を，企業ではなく本人が自主的に行う制度。

　　　　→労働時間の長さよりも成果が問われることとなる。

　　　　→似た制度としてフレックスタイム制があるが，こちらは一定の時間帯のなかで出社・退社の時間が自由に決められる制度。

　　▶高度プロフェッショナル制度…高度な専門知識を有し，かつ一定水準以上の年収を得る労働者に対して，労働基準法に定める労働時間規制の対象としないという制度。

現代の労働問題

①バブル崩壊以降の動向…新規採用の削減や正規雇用の抑制。

　　→**フリーター**や**ニート**(NEET)の増加。

　　▶フリーター…正社員以外の雇用形態で生計を立てている，学生を除いた労働者のこと。

　　▶ニート(NEET)…Not in Education, Employment or Trainingの頭文字をとった語で，学校に通わず，仕事もせず，職業訓練も受けていない者のこと。

　　　　→就業意思のない点でフリーターとは異なる。

　　　　→また，労働力を必要とする求人側と求職者側の要求が合致しない**ミスマッチ**により離職や転職をする若年層も増加している。

②非正規雇用者の状況

　　→非正規雇用者のなかには仕事があっても困窮した生活を抜け出せないワーキングプアが増加している。

　　→AIの導入などにより，単純で定型的な仕事も減少している。

　　→今後，賃金の二極化が加速する可能性もある。

→非正規雇用者は雇用調整の対象となりや
　すいため，失業者に対する雇用の**セーフ
　ティネット**の整備が必要。

③正規雇用者における労働問題

▶**長時間労働**…企業や官公庁などにおいて，
　長時間にわたる労働を強いらること。

　→残業代のつかない**サービス残業**が求め
　　られることもある。

▶**労働災害（労災）**…労働を原因とする，**過
　労死**や**メンタルヘルス**の悪化などの災害
　のこと。

▶**ブラック企業**…若者などに過重労働を強
　いて離職に追いこみ，使い捨てる企業を指したことば。

④**外国人労働者**を取り巻く状況

　→人手不足解消と在留資格の法改正により，外国人労働者は増加。

　→就労資格を付与する際の基準や，外国人労働者受け入れ態勢の構築には多くの課題
　　が残る。

働きやすい労働環境に向けて

①労働のあり方

　→出産・育児や介護との両立や，高齢者・障がい者の雇用促進など，だれもが公平に
　　働くことができる社会が求められている。

▶**ワーク・ライフ・バランス**…一人ひとりの，職業生活と個人としての生活のバラン
　スが取れた状態，両立できている状態のこと。

　→政府や企業は，雇用の安定や適正な労働時間と賃金，休暇の保障などとともに，
　　家庭生活との両立を可能とするための環境整備を行う必要がある。

　→**男女雇用機会均等法**などによる**男女共同参画社会**の実現をめざすも，依然として
　　男女格差は存在している。

②雇用の安定のために

　→**ワークシェアリング**などの柔軟な雇用創出の必要性。

▶**ワークシェアリング**…労働時間の短縮などによって多くの人で仕事を分けあい，雇
　用を創出するという制度。

▶**働き方改革**…「多様な働き方」，「柔軟な働き方」をめざす施策。

▶**ディーセント・ワーク**…働きがいのある，人間らしい仕事のこと。

　→国際労働機関（ILO）が提唱する考え方。

　→これの実現のために，職場内の地位の優位を利用したパワー・ハラスメントや，
　　性的な言動によるセクシュアル・ハラスメントの防止などによる，労働環境の改
　　善などが課題となっている。

🔻雇用形態別の給与比較（時給換算）
（賃金構造基本統計調査）
＊男女計，企業規模10人以上。決まって支給する給与と実
労働時間から計算。賞与は時間換算して時給に含めた。

☑ 重要用語チェック！❼

(1)	労働・サービスが売買され，その対価として賃金が支払われる場のこと。
(2)	労働者が労働する際の，賃金や環境などのこと。労働組合などもかかわりながら決定される。
(3)	新規学卒者(その年に中学・高校や大学を卒業し，社会人となる人)を除いた有効期限内の求人数を求職者数で割った数値のこと。
(4)	労働契約のうち，雇用期間を定めずに雇用するもの。
(5)	学校教育から離れたあとに再度，必要なタイミングで受ける教育のこと。
(6)	学び直す際に障害となる，古い考え方や価値観を意識的にすて去ること。
(7)	労働条件の維持改善のために労働者が労働組合を結成し団結する権利，また労働組合に加入する権利。
(8)	労働者が労働条件などについての自らの主張を貫徹するために，業務の正常な運営を阻害するストライキなどの争議行為を行う権利。
(9)	労働関係の公的な調整，労働争議の予防・解決を目的とする1946年に制定された法律。労働委員会を設置し，争議に対して斡旋(話しあいの促進)，調停(調停案の提示)，仲裁(強制力のある仲裁裁定)を行う。
(10)	労働者が受け取るべき賃金の最低額を保障する法律。
(11)	勤続年数などではなく，職務に応じて給与額を決定する方法。
(12)	労働時間管理を，企業ではなく本人の自主性にゆだねる制度。労働時間の長さよりも成果が問われることとなる。
(13)	正社員以外の雇用形態で生計を立てている，学生を除いた労働者のこと。
(14)	学校に通わず，仕事もせず，職業訓練も受けていない者のこと。
(15)	高度な専門知識を有し，かつ一定水準以上の年収を得る労働者に対して，労働基準法に定める労働時間規制の対象としないという制度。

演習問題 ❼

1 次の文中の①~④にあてはまる語句や数字を答えよ。

　（①　　　　　　　　　）主義経済が発展しはじめた時期である19世紀の労働者は，長時間労働，劣悪な労働環境，児童労働などに苦しんでいた。そこで，一人ひとりでは無力な労働者も，（②　　　　　　　　　）を結成することで自らの労働条件の改善などに向けて使用者と交渉することができるようになった。この（②）をつくる権利を団結権といい，使用者と（②）が交渉する権利である（③　　　　　　　　　）権やストライキを行う権利である団体行動（争議）権とあわせて労働三権という。日本で初めてこの労働三権を法的に保障した法律は（②）法であり，そののち日本国憲法の第（④　　　　　　　　　）条に規定された。

2 次のA・Bの各文を読んで，あとの問いに答えよ。

A　1947年に制定。労働契約・賃金・労働時間（週40時間），女子および年少者の保護など，労働条件の最低基準を規定。この法律を施行するために<u>全国に厚生労働省の出先機関</u>を設置。

B　就業形態の多様化を背景に，2007年に制定。労働条件を決定するための基本的ルールを定める。

(1)　A・Bの各文が表す法律の名称を答えよ。

　　　　　　　　　　　　　A（　　　　　　　）　B（　　　　　　　）

(2)　Aの文中の下線部を何というか，名称を答えよ。　　　（　　　　　　　）

3 次の問いに答えよ。

(1)　3つの日本的経営の特徴のうち，次の文章で説明されているものは何か，答えよ。

　　勤続年数，年齢などに応じて役職や賃金を上昇させる人事制度・慣習のことで，労働者に将来の賃金上昇への期待と企業忠誠心をもたせる効果がある。

　　　　　　　　　　　　　　　　　　　　　　　　（　　　　　　　）

(2)　右のグラフは雇用形態別の給与比較（時給換算）を表したものであり，ア~ウはそれぞれ，非正社員・フルタイム雇用，非正社員・短時間雇用，正社員・正職員のいずれかを表している。正社員・正職員を表しているものをグラフ中のア~ウの中から1つ選べ。

　　　　　　　　　　　　（　　　　　　　）

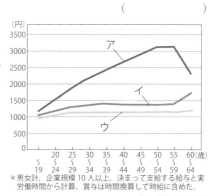

＊男女計，企業規模10人以上。決まって支給する給与と実労働時間から計算。賞与は時間換算して時給に含めた。

（賃金構造基本統計調査）

［解答→p.167］

第5章 国際社会のなかで生きる私たち 　教科書 p.158~195

テーマ1　国際社会のルールとしくみ ➡ 教 p.158~165

1 国際社会の成り立ち

国際社会の成立

①**国家の三要素**

▶ **領域**…領土・領海・領空のこと。

▶ **国民**…その国家を構成する人民のこと。

▶ **主権**…内政についての制約をだれからも受けず，外交について他国などに指図<small>さしず</small>されず，政策を決定し遂行<small>すいこう</small>する最高権力のこと。

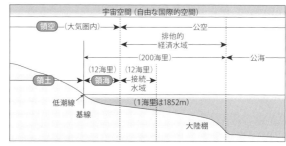
⤵ 国家の領域

②<u>**主権国家体制**</u>…**ウェストファリア条約**によって主権国家によって構成される国際社会の原型がつくられた。

▶ ウェストファリア条約…ドイツの宗教戦争にヨーロッパ諸国が干渉した三十年戦争の講和条約。1648年に調印。

→現在のスイスやオランダの独立，ドイツ諸邦の主権確立などの合意が行われた。

→独立した国家が並存<small>へいぞん</small>するこのしくみは，西欧諸国が各地で植民地獲得のために侵略を進める段階で拡大。

→第二次世界大戦後はその植民地も独立して，主権国家が並存する国際社会の一員となる。

③<u>国際社会における主権国家</u>

▶ **主権平等**…国際社会においては，人口の多寡<small>たか</small>や領土の大小，経済的に豊かであるか否かに関係なく，主権をもつ主体として原則として平等に扱われる。

→利害衝突の発生…各国が国益を追求するため，領土紛争，政治・経済，文化的対立などの問題が生まれる。

▶ **外交**…国家間の問題の調整・交渉を行い，解決をはかる。

国際法の意義

①**国際法**…国家間の関係を律する法規範のこと。

→三十年戦争の惨禍<small>さんか</small>を目<small>ま</small>のあたりにした**グロティウス**は国家相互の関係にも自然法を適用して秩序を構築することを提案し，「国際法の父」とされた。

🯅**グロティウス**…オランダの法学者で，国家や宗教の枠組みをこえた自然法にもとづく秩序を提案した人物。主著は『戦争と平和の法』，『海洋自由論』。

②**国際法の構成**…**条約**と**国際慣習法**からなり，主権国家の意思によってつくられる。

→国際社会は，国内と異なり，統一的な政府がないことから，国際法は法としての実質的な強制力が弱い。

▶**条約**…国家間の文書による合意のこと。条約・協定・取極・議定書・宣言・憲章など。
　→条約は締結した当事国のみを拘束する。

▶**国際慣習法**…国家間でなんども繰り返されながら，拘束力を有すると認められた原則のこと。公海自由の原則や内政不干渉の原則など。

● 国内法と国際法

国際法		国内法
国家が原則	**法の対象**	個人が原則
統一的立法機関はない。条約が拘束するのは批准国のみ	**立法機関**	あり。議会で制定された法律は対象者を拘束
統一的行政機関はない	**行政機関**	各国政府
国際司法裁判所は，当事国が同意した場合のみ裁判を実施。提訴権は国家のみ	**司法機関**	裁判所が強制的に管轄する。当事者一方のみの訴えによっても裁判は成立
国連安保理への依頼は可能だが，強制執行力はない	**法の執行**	警察などの強制執行機関あり

③国際法における戦争
　▶第二次世界大戦前…国際法における戦争は主権国家の意思の発現として合法だった。
　　→戦時国際法と平時国際法の使い分けが生じていた。
　▶第二次世界大戦後…**国際連合憲章(国連憲章)**により，国際紛争解決手段としての戦争は違法な行為とされた。

④現在の紛争解決手段…戦争にかわる紛争解決の手段として，**国際司法裁判所(ICJ)**や**国際刑事裁判所(ICC)**を設置。
　▶国際司法裁判所(ICJ：International Court of Justice)…オランダのハーグに設置された，国家間の紛争解決のための裁判所。
　　→国連総会と安全保障理事会で選出された15人の裁判官で構成される。
　▶国際刑事裁判所(ICC：International Criminal Court)…大量虐殺や戦争犯罪など，重大犯罪に関与した個人を裁くことを目的とした常設の国際裁判所。

国際社会の変容

①**国際社会の主体**…従来は主権国家間の関係で成立。
　→最近では国家や国連などの国際機関のほかに，地域機構(EUやASEANなど)や自治体，**NGO(非政府組織)**なども国際社会を構成する主体となっている。
　→インターネットなどの情報通信技術(ICT)の発展による**グローバル化**の影響も受けている。
　→その一方で，急激な人口移動への反発などから自国中心主義的勢力や，反・移民的な**ポピュリズム**も台頭。

● 国際関係の変化

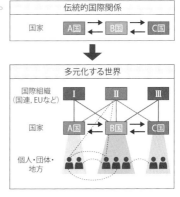

ゼミナール　日本の領域と領土をめぐる問題　教 p.162~163

❖日本の領域

凡例:
- 日本の領海および排他的経済水域（200海里経済水域）
- 日本の大陸棚
（□□は海上保安庁資料による）

地図中表記: 日本の北端 択捉島、北方領土、竹島、尖閣諸島、日本の東端 南鳥島、日本の南端 沖ノ鳥島、日本の西端 与那国島

竹島問題

①竹島…日本海の隠岐諸島の北西にある島。男島（西島）と女島（東島）などから構成される。

　→1905年に明治政府が日本の領土にする旨の閣議決定を行い，島根県告示により島根県に編入。

　→戦後，韓国が領有を主張し，1952年に「李承晩ライン」を設置して韓国の領域に含める。灯台・通信施設などを建設し占拠を行う。日本はこれを不法であるとして抗議。

　→1965年の日韓基本条約において李承晩ラインは消滅。しかし竹島問題については意見が対立している。

　→1996年，日本の「200海里経済水域」に竹島が入っていることに韓国側が抗議。

　→1998年，日韓漁業協定において海域についての基本合意が成立。

　→2005年，島根県が県議会において「竹島の日」条例を制定すると再び韓国との意見対立が表面化。

　→日本は国際司法裁判所に提訴して解決をはかろうとするも，韓国側は応じていない。

尖閣諸島をめぐる問題

①尖閣諸島…沖縄県石垣島の北北西にある魚釣島などの島々の総称。

　→1895年，明治政府はどこの国も領有していない無人島であることを確認したうえで閣議決定により沖縄県に編入。

　→第二次世界大戦後，一時アメリカの施政権下におかれるが，1972年の沖縄返還の際に南西諸島の一部として日本領に復帰。その際，石垣市に属した。

　→1960年代，学術調査で東シナ海の海底に豊富な石油資源がある可能性が確認されると，中国政府，台湾当局が領有権を主張。

→1992年，中国は尖閣諸島を中国の領土とする「中国領海法」を制定。

→2008年以降，中国政府の船舶や中国船籍の民間漁船が付近で「領海侵犯」を行う。

→2012年，魚釣島などを日本政府が国有化。

→日中間での緊張が高まる。

→日本政府は尖閣諸島が日本領であることは疑いないとして「領有権をめぐる問題は存在しない」との立場を堅持している。

北方領土問題

①北方領土…歯舞群島，色丹島，国後島，択捉島の総称。

→日本は，19世紀以来のロシアとの国境画定の経緯から領有権を主張。

→一方，ロシアはヤルタ協定において千島列島のソ連の引き渡しを決め，さらにサンフランシスコ平和条約などの国際協定により領土問題は解決済みとの認識。

→日ソ間の交渉においては，1956年の日ソ共同宣言で平和条約締結後の歯舞群島，色丹島の日本返還に合意。

→しかし1960年の日米相互協力及び安全保障条約（新日米安保条約）調印後，ソ連は「日本領土から外国軍隊が撤退しないかぎり返還しない」旨を通告。

◆ 北方領土周辺

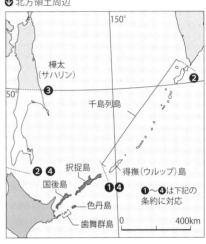

→断続的な交渉のなかで，1993年には日露間で北方領土問題解決と平和条約締結に向けた交渉継続を合意（東京宣言）。

◆ 北方領土をめぐる歴史的経緯

1854		日露和親条約	日本とロシアの国境を得撫（ウルップ）島と択捉島の中間に設ける。樺太（サハリン）の帰属は決めず。❶
1875		樺太・千島交換条約	樺太をロシア，千島列島を日本領とする。❷
1905		ポーツマス条約	樺太の北緯50度以南を日本領とする。❸
1945	2月	ヤルタ協定	ソ連の対日参戦の条件として千島のソ連領有を認める（米英ソ合意）。
	8月	ソ連対日参戦	9月までに北方四島占領。
1951		サンフランシスコ平和条約	日本，千島列島放棄（日本は，北方四島は日本固有の領土でこれに含まれないと主張）❹

② 国際連合の役割

国際連合の成立としくみ

①国際紛争を避けるためのしくみ

- ▶**勢力均衡**（バランス・オブ・パワー）…対立国家同士の軍事力を均衡させ，おたがいに戦争をしかけられない状況をつくることで戦争が起きるのをふせぐしくみのこと。
  - →軍拡競争を招き，またひとたび均衡が崩れると大戦争につながる。
- ▶**集団安全保障**…複数の国家が条約などによって国際体制を構築することで，ある国が条約を破って武力行使をした場合に締約国すべての国に対する攻撃とみなして制裁するしくみ。

↴ 勢力均衡と集団安全保障

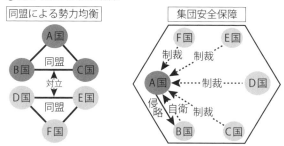

②**国際連盟と国際連合**

- ▶国際連盟…第一次世界大戦後に設立された国際平和機関。
  - →**全会一致**の意思決定方式や法的拘束力のなさ，大国が不参加であるなどの理由で集団安全保障が有効に機能せず，第二次世界大戦をふせぐことはできなかった。
- ▶国際連合…第二次世界大戦の戦勝国を中心とした原加盟国51か国で構成された戦後の国際平和機関。各加盟国は**国連憲章**に署名。
  - →**総会，安全保障理事会**（安保理），**経済社会理事会**などの主要機関と数多くの補助機関を設置。

↴ 国際連合の機構

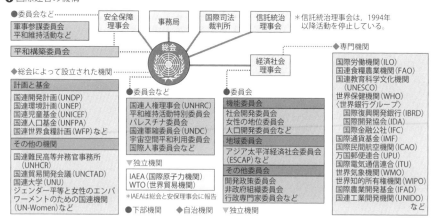

国際連合と安全保障

①国際連合による安全保障政策

　→国際連合の安全保障の柱は，各国の交渉などによる平和的解決。

　→しかし，それが困難な場合は安全保障理事会が中心となって，制裁を行う。

　▶非軍事的措置…経済制裁などによる，武力行使を前提としない制裁。

　▶軍事的強制措置…**国連軍**による，武力行使をともなう強制措置。

②**安全保障理事会**…**常任理事国**(アメリカ，イギリス，フランス，ロシア，中国)が**拒否権**をもつ。

　→一国でも反対すれば決議は採択されない。

　→安保理が拒否権の応酬によって機能しない場合,「**平和のための結集**」**決議**が採択。

　▶「平和のための結集」決議…安全保障理事会が平和維持機能を果たすことができない場合に備えてつくられた措置。

　　→総会の３分の２の賛成で軍事的強制措置を可能とするもので，この決議にもとづく緊急特別総会は過去に10回開催された。

③**自衛権**…各加盟国は**個別的自衛権・集団的自衛権**を有しており，これを行使することで例外的に武力行使をともなう防衛措置をとることができる。

　▶個別的自衛権…外国からの違法な侵略に対し，自国を防衛するために武力を行使することができる権利。

　▶集団的自衛権…自国と密接な関係にある国が第三国から違法な侵害を受けた場合，自国に攻撃がなくても，自国の平和と安全を害するものと見なしてそれに武力で対抗することができる権利。

④**国連軍**

　→国連憲章にもとづく国連軍は今まで一度も組織されたことはない。

　→**国連平和維持活動(PKO)**や**多国籍軍**が活躍してきた。

国際連合の役割と課題

①人権問題への取り組み

　→総会・経済社会理事会が**国連教育科学文化機関(UNESCO)**や**世界保健機関(WHO)**などの**専門機関**と連携。

　→人権・貧困・環境などの諸問題への取り組み。

②宣言の採択

　→1948年，**世界人権宣言**を採択。

　→1966年，**国際人権規約**を採択。

　→現在では，**国連人権理事会(UNHRC)**を中心に人権状況の改善に取り組む。

③予算…国連の予算は加盟国の**分担金**に依拠。

　→分担金の比率は各加盟国の経済力に応じて決定されるが，組織の肥大化などにより財政難。

④**国連改革案**…第二次世界大戦の敗戦国(日本やドイツなど)，地域大国(ブラジルやインドなど)を含めて安全保障理事会の常任理事国を増やすべきとの案。

テーマ2　国際社会と平和主義 ➡ 教 p.166〜173

1 日本の平和主義と冷戦

平和主義と憲法第9条

①**平和主義**…日本国憲法における三大原理の一つ。

⬇『あたらしい憲法のはなし』

→前文では，「政府の行為によつて再び戦争の惨禍が起ることのないやうにする」，世界の人々が「平和のうちに生存する権利を有する」ことなどを規定。

▶**平和的生存権**…憲法前文などに示された，「人々が平和のうちに生存する権利」のこと。

→平和を享受する権利のことを指し，長沼ナイキ基地訴訟の第一審判決（1973年）や自衛隊イラク派兵差し止め訴訟の名古屋高裁判決（2008年）で法的権利として認められた。

②**憲法第9条**

▶1項…国権の発動たる戦争と，武力による威嚇又は武力の行使は，国際紛争を解決する手段としては，永久にこれを放棄する。

→**「戦争の放棄」**を宣言。

▶2項…陸海空軍その他の戦力は，これを保持しない。国の交戦権はこれを保持しない。

→第66条2項では**シビリアン・コントロール（文民統制）**の原則も規定。

▶シビリアン・コントロール（文民統制）…軍事力よりも政治を優先すること。

→軍による政治への介入とそれにともなう戦争の反省として，日本国憲法第66条第2項では「内閣総理大臣その他の国務大臣は，文民でなければならない」として軍事力に対する民主的統制を規定している。

自衛隊と日米安全保障条約

①**冷戦の始まり**…第二次世界大戦後，世界が米ソ対立の冷戦時代に突入。

②**自衛隊の設立**

→1950年，**連合国軍総司令部（GHQ）**は**朝鮮戦争**による在日米軍の不足を補うために**警察予備隊**の組織を命令。

→**サンフランシスコ平和条約**によって日本の独立が回復すると，**保安隊**に改組。

→1954年，我が国の平和と独立を守り，国の安全を保つことを目的に**自衛隊**に改組。

③**自衛隊の憲法適合性**

→自衛隊は「戦力」にあたり，憲法第9条に違反するという見解もある。

→しかし，憲法も**個別的自衛権**まで否定するものではなく，専守防衛のための「**自衛のための必要最小限度の実力**」とするのが政府見解。

④**日米安全保障条約**…サンフランシスコ平和条約調印の当日に，日米間で締結された条約。冷戦下での米軍駐留と基地使用を認める。

→1960年，**日米相互協力及び安全保障条約**（新安保条約）に改定。日本の領域への武力
攻撃に対する日米の共同防衛義務などを含む双務性を強める。

→「**思いやり予算**」を含む米軍駐留費用の日本負担，**日米地位協定**のあり方など多くの
問題が指摘されている。

沖縄と在日米軍基地

①沖縄…アジア・太平洋戦争末期に国内唯一の地上戦（沖縄戦）が行われ，民間人を含め
て多くの人が犠牲になった。

→沖縄は戦後アメリカの施政権下におかれ，アメリカは基地建設のために民間人の土
地を接収。

→1972年の日本返還後も，基地はそのまま残されている（2018年現在，国土のわずか
0.6％の沖縄県に在日米軍の施設の70％が集中している）。

→沖縄では在日米軍兵士による犯罪も多発しており，罪を犯した在日米軍の身柄の扱
いなどを定めた日米地位協定の見直しが求められている。

→また，老朽化した普天間基地の名護市辺野古への移転も進められているが，これに
対しても根強い反対運動がある。

🔽沖縄県内の在日米軍の配置

基地および
訓練場区域
［2018年］

普天間基地の移転先とされる
名護市辺野古

キャンプ・シュワブ
キャンプ・ハンセン
トリイ
牧港
キャンプ・コートニー
嘉手納
瑞慶覧
普天間基地

0　　　　20km

戦後日本の防衛政策

①自衛隊の軍備…任務は**専守防衛**。

→実際は自衛隊の軍備は着実に増強され，いまや世界有数の軍備となっている。

②**核のもちこみ**

▶**非核三原則**…核兵器を「持たず，つくらず，持ちこませず」とした原則のこと。

→しかし，2010年，米軍による核のもちこみを黙認する「密約」の存在が判明。

③**武器の輸出**

→平和主義をかかげる国として原則的に「慎む」とし，対象国によっては禁止すべき
（**武器輸出三原則**）としていた。

→2014年，武器輸出については基本的に認めると方針転換。必要に応じて規制する**防
衛装備移転三原則**のもと，武器の輸出や共同開発を認める。

▶防衛装備移転三原則…国際条約違反国への輸出禁止，輸出を認める場合の厳格審査，
移転先での適正管理の原則。

ゼミナール　戦後国際政治の動き　教 p.170～171

1　第二次世界大戦の終結と冷戦

①第二次世界大戦末期

🔻 ヤルタ会談

- ▶ **ヤルタ会談**…ドイツの戦後処理，国際連合の創設，ソ連の対日参戦などが決定。
  - →戦後の国際秩序の枠組み(わくぐみ)の構築。
  - →1945年，国際連合の設立。

②**冷戦**…自由主義をかかげるアメリカと共産主義をかかげるソ連の直接戦火をまじえないイデオロギー対立。

- →アメリカは共産主義勢力拡大防止策として「封じこめ政策」を採用。
- →**北大西洋条約機構(NATO ナトー)**の設立。
- →ソ連はNATOに対抗して**ワルシャワ条約機構**を結成。

③分断国家の成立

- ▶ 分断国家…ドイツやベトナム，朝鮮(ちょうせん)半島などで成立。
  - →武力行使をともなう「熱戦」も発生。

④**日本の状況**…1945年，**ポツダム宣言**を受諾(じゅだく)。連合国の占領受け入れ。

- ▶ 対日占領政策…当初は日本の非軍事化・民主化。
  平和主義などを基調とする日本国憲法の成立など。
- ▶ 冷戦下…冷戦の激化にともない，アメリカを中心とする西側陣営に組みこまれる。
  - →サンフランシスコ平和条約を西側諸国のみと締結，**日米安全保障条約**の締結。

2　平和共存と多極化，核軍縮

①全面核戦争の脅威とデタント

- →1950年代前半，米ソ双方が水爆実験に成功。
- →米ソの全面核戦争の脅威(きょうい)を認識。
- →ソ連のフルシチョフによる平和共存路線の模索も，東西対立解消まではいたらず。米ソの軍拡競争は激化。

🔻 キューバ危機

- →1962年，**キューバ危機**では核戦争一歩手前までいわれた。
- →米ソは偶発的戦争の発生をふせぐためにホットライン(直通電話回線)を開設。
- →米ソの歩み寄りにより**デタント**(緊張緩和(かんわ))へ。
- →**部分的核実験禁止条約(PTBT)**や**核拡散防止条約(NPT)**の締結，戦略兵器制限交渉(SALT)など軍縮へ。
- ▶ 部分的核実験禁止条約…大気圏，宇宙空間，水中での核実験を禁止する条約。
  - →その一方，地下での実験は禁止されなかった。
- ▶ 核拡散防止条約…核非保有国への核兵器移譲や，核非保有国が核兵器を製造することを禁止する条約。

②冷戦体制の変容

　　→フルシチョフのスターリン批判による**中ソ対立**の表面化。

　▶**第三世界**…植民地支配から脱した諸国によって構築。

　　→**非同盟主義**をかかげ，東西のどちらの陣営にも加わらない。

3　冷戦の終結

①冷戦の終結

　▶**新冷戦**…1979年，ソ連のアフガニスタン侵攻により米ソ関係が再び悪化したこと。

　　→1980年代後半，ソ連のゴルバチョフによる「新思考外交」。

　　→1987年，**INF(中距離核戦力)全廃条約**の締結。

　　→1989年，**マルタ会談**で米ソ首脳による**冷戦の終結**宣言。

　　→その後，東西ドイツの統一，東欧諸国の社会主義政権崩壊(東欧革命)など冷戦か
　　　らの脱却が各地で起こる。

　　→1991年，ソ連解体により独立国家共同体(CIS)誕生。

　▶INF全廃条約…INFを全廃する条約。

　　→INF(中距離核戦力)…相手の政治中枢を攻撃する戦略兵器と戦場単位で使用され
　　　る戦術核兵器の中間のもの。

　　→当時ヨーロッパではこの配備が問題となっていた。

4　冷戦後の国際関係

①終わらない戦争

　▶**湾岸戦争**…イラクのクウェート侵攻を機に発生。

　　→その後もアジア・アフリカ，東欧各地で地域紛争や民族紛争が多発。

　　→2001年，アメリカでの「**同時多発テロ**」をき
　　　っかけにアメリカはアフガニスタンのタリ
　　　バン政権に対して攻撃。

⚓同時多発テロ

　▶**イラク戦争**…2003年，安全保障理事会の明確
　　な決議なしに米英軍がイラク攻撃。

　　→日本は米軍に対する後方支援などのための
　　　特別措置法を制定し，**自衛隊の海外派遣**を
　　　行う。

　▶**アラブの春**…2011年，チュニジアで独裁政権
　　が崩壊し，北アフリカや中東に民主化の動き
　　が伝播。

②核軍縮

　▶戦略兵器削減交渉(START)の開始。

　　→**包括的核実験禁止条約(CTBT)**の採択(ただし未発効)。

　　→2017年，**核兵器禁止条約**の採択。

　　→通常兵器については，対人地雷全面禁止条約・クラスター爆弾禁止条約の採択。

　　→2019年，アメリカとロシアの対立から中距離核戦力(INF)全廃条約の失効。

　　→核軍拡競争の懸念。

2 冷戦後の世界と日本

冷戦後の世界

①冷戦の終結

▶ソ連でゴルバチョフ政権が成立（1985年）

　→ゴルバチョフは西側に対して柔軟。

　→米ソ関係の急速な改善により冷戦は終結（マルタ会談）。

　→1989年，ベルリンの壁崩壊。

　→1990年，ドイツの再統一。

　→1991年，ソ連の解体。

②アメリカ一極集中の世界

▶**湾岸戦争**…クウェートに武力侵攻したイラクに対してアメリカを中心とする多国籍軍が反撃。

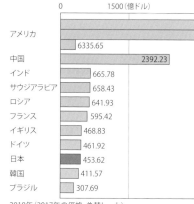

世界の軍事支出（SIPRI資料）

	億ドル
アメリカ	（6335.65を超える長さ）
中国	2392.23
アメリカ（数値）	6335.65
インド	665.78
サウジアラビア	658.43
ロシア	641.93
フランス	595.42
イギリス	468.83
ドイツ	461.92
日本	453.62
韓国	411.57
ブラジル	307.69

2018年（2017年の価格，為替レート）

③グローバル化のなかの戦争

▶**同時多発テロ**…2001年，9月11日に発生した，ニューヨークの貿易センタービルなどに対する航空機突撃事件。犠牲者は3000人超。

　→アメリカは「テロリズムに対する戦争」を宣言。

　→この事件をきっかけにアメリカはイギリスとともにアフガニスタンを攻撃。

▶**イラク戦争**…イラクのフセイン政権が大量破壊兵器を保有しているとして，武力攻撃を定めた安全保障理事会の明確な決議なしに米英軍が行ったイラク攻撃に端を発する戦争。

　→なお，フセインを拘束したのちも大量破壊兵器は見つからなかった。

④核軍縮

　→冷戦後も米ロなどの超大国は核を保有し続けている。

　→核に加え，生物・化学兵器などの**大量破壊兵器**の国際的な規制も重要に。

冷戦終結後の日本の安全保障政策

①日米ガイドラインの改定…日本が武力攻撃を受けた場合以外にも，広く「周辺事態」に対しても適用することを目的に日米ガイドラインの改定がなされた。

　→**日米防衛協力のための指針（新ガイドライン）**の策定。

　→これにより**ガイドライン関連法**が成立。

▶ガイドライン関連法…日米新ガイドラインに対応して整備された一連の法律。

　→アメリカ軍への後方支援や救助活動などを定めた周辺事態法（2015年には重要影響事態法に改正），日本人救出に自衛隊の艦船を用いることを可能にする自衛隊法の改正などから構成される。

②日本の**有事法制**

　→戦後，平和憲法のもと日本において有事法制は存在せず。

　→しかし，2003年以降，日本周辺での有事（非常事態）への対応に関する有事法制の整備が進む。

③日本の集団的自衛権

→政府は1970年代以来，日本は集団的自衛権を有してはいるものの，日本国憲法下では行使は禁止されるとしてきた。

→2014年，安倍晋三内閣は従来の政府見解を転換する閣議決定を行い集団的自衛権の行使を一部可能であるとした。

→そのうえで，日本と密接な関係にある他国への武力攻撃があり，**存立危機事態**が発生した場合は集団的自衛権の行使を可能とする**安全保障関連法**を制定。

▶ 存立危機事態…日本の存立や国民の生命・自由・幸福追求の権利が根底から覆される明白な危険がある事態。

　　→日本国憲法第9条に認められる自衛の範囲をこえるとして違憲との指摘もある。

❤ 安全保障関連法案について憲法審査会での参考人(憲法学者)の見解を報じた新聞記事

安保法案 参考人全員「違憲」

衆院憲法審

与党推薦含む

〔東京新聞
2015年6月4日付夕刊〕

❤ 日本の安全保障法制

日本有事	国際協力

有事法制
- ●武力攻撃事態対処法
- ●国家安全保障会議設置法
- 国民保護法
- ●米軍等行動円滑化法
- ●特定公共施設利用法
- ●外国軍用品等海上輸送規制法
- 国際人道法違反処罰法
- ●捕虜等取り扱い法

●重要影響事態法　●国連平和維持活動協力法

国際緊急援助隊法

恒久法
○国際平和支援法

特別措置法
テロ対策特別措置法
(2001〜07年)
新テロ対策特別措置法
(2008〜10年)
イラク復興支援特別措置法
(2003〜09年)

防衛出動　　アメリカ軍などへの　平和協力
　　　　　　後方支援など　　　　など

●自衛隊法(自衛隊の活動を規定)

＊●に船舶検査活動法を加えた10法の改正と○を総称して安全保障関連法という。

自衛隊と海外派遣

①PKOと自衛隊

→戦後，日本政府は武力行使を目的とした自衛隊の「海外派兵」は違憲との立場。

→しかし，湾岸戦争を機に国際貢献の機運が上昇。

→**国連平和維持活動(PKO)**の参加が議論。

→1992年，**PKO協力法**の成立。

▶ PKO協力法…1992年に成立した，PKO参加5原則などを定めた法律。

　　→その5原則とは，紛争当事者間での停戦合意，紛争当事者の受け入れ同意，中立性，独自判断による撤退，必要最小限の武器使用のこと。

　　→なお，2015年には安全保障関連法の一環として改正が行われ，他国のPKO要員や民間人を警護する武器使用，いわゆる「駆けつけ警護」が可能とされた。

②「同時多発テロ」以後の法整備

→**テロ対策特別措置法**の制定。

→イラク戦争をきっかけに**イラク復興支援特別措置法**。

→これらにより自衛隊が海外に派遣。

テーマ3　国際平和への課題 **➡ 教 p.174~181**

1 現代の紛争とその影響

現代の紛争

①世界での紛争…冷戦という大きな対立構造は
解消されたが，世界各地では現在でも紛争が
あいついでいる。

➤内戦…ボスニア・ヘルツェゴビナ紛争・コ
ソボ紛争・ソマリア内戦・ダルフール紛争
など。

➤国際紛争…冷戦期から続く**パレスチナ問題**
や，「**同時多発テロ**」をきっかけとした，ア
メリカなどからアフガニスタンのタリバン
やイラクなどへの攻撃など。

➤パレスチナ問題…イスラエルとパレスチナ
による闘争のこと。

→1993年のオスロ合意にもとづき，ガザ地区とヨルダン川西岸地区にパレスチナ自
治政府が樹立された。しかし，その後も両者の対立は継続し，現在も多くの人が
難民生活を送っている。

➤国際テロ組織…アル・カーイダ，「イスラム国（IS）」などが台頭。

🔹 イスラエルとパレスチナ

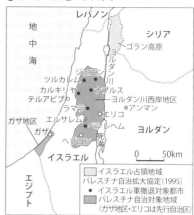

🔻 世界の紛争地図

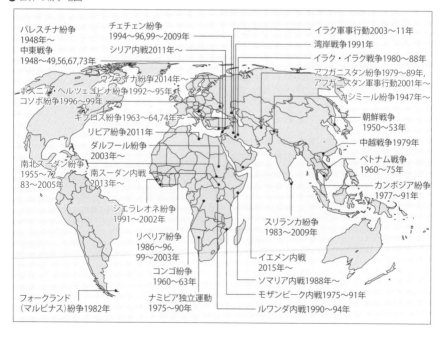

紛争の要因

①考えられる要因

- ▶宗教的要因や民族的要因
  - →冷戦の終結により，従来の大きな対立構造がなくなったことで顕在化。
- ▶経済的貧困や格差，政府の紛争解決能力のなさなど。

紛争の解決に向けて

①国際連合

- →安全保障理事会の決議にもとづき，**国連平和維持活動(PKO)** を展開。
- ▶国連平和維持活動(PKO)…紛争国の同意の下に派遣され，中立的で非軍事的活動を原則とし，紛争の停止と再発防止，事態の鎮静化・正常化をはかる国際連合の活動。
  - →紛争そのものの最終的な解決を目的としたものではない。
  - →PKOは紛争後の武装解除，治安維持，選挙監視，民生(人々の生活)支援，独立支援，暫定統治などの活動を行う。
- ▶**平和構築**…戦争から平和への移行期にある国や地域を，新たな国家制度や社会のしくみをつくること。
  - →国際的な**NGO(非政府組織)** が役割を果たすことも多い。

難民問題

①**難民**…「人種，宗教，国籍，政治的意見または特定の社会集団に属するなどの理由で，自国にいると迫害を受けるかあるいは迫害を受ける恐れがあるために他国に逃れた」人々のこと。

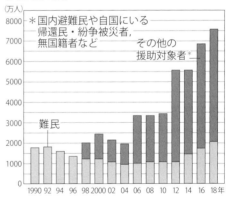

◆難民数の推移

- ▶**難民の地位に関する条約(難民条約)** …1951年に国際連合で採択された条約。
  - →上記の難民の定義はこの難民条約によるもの。
- ▶**ノン・ルフールマンの原則**…難民条約第33条で規定された，難民を迫害の恐れのある国や地域へ送還してはならないという原則。
  - →ノン・ルフールマンとはフランス語で「送還禁止」の意味。
- ▶**国連難民高等弁務官事務所(UNHCR)** …難民問題の解決にあたる国際連合の機関。
  - →1951年に国連総会によって設置され，難民に対する国際的保護や，自発的帰国や第三国での定住などの支援活動を行う。

②**国内避難民**…国内にいながら難民同様の生活を送っている人々のこと。

- →近年，難民だけでなく，国内避難民の増加も問題となっている。

2 平和な国際社会に向けて

平和とは何か

①消極的平和と積極的平和
- ▶消極的平和…戦争や内戦が起っていない状態。
- ▶積極的平和…戦争や内戦が起っていないだけでなく、貧困、抑圧、差別など社会構造によっておこる間接的な暴力(構造的暴力)もない状態のこと。

②国連などによる国際的な取り組み…国連平和維持活動や平和構築などの手段で平和への取り組みが国際的になされている。
- ▶人間の安全保障…人間一人ひとりに着目し、生存・生活・尊厳などに対するあらゆる脅威から人々を守るという考え方。

外交を通じた平和の実現

①外交三原則…1956年の国連加盟以降の日本の外交の三原則。
- →国連中心主義、自由主義諸国との協調、アジアの一員としての立場の堅持。

②戦後の外交
- ▶サンフランシスコ平和条約による戦争賠償交渉。
  - →東南アジア諸国に賠償や無償供与(経済支援)という形で終了。
- ▶中国・韓国とはそれぞれ条約を締結して国交正常化を行った。

③現在の外交課題…領土問題、戦後補償問題、北朝鮮との国交正常化など。
- →北朝鮮については特に、核開発問題や日本人拉致問題の全容解明など課題も多い。

❤ 戦後日本の外交史

1945	ポツダム宣言受諾・敗戦	1968	小笠原返還協定調印
1951	サンフランシスコ平和条約・日米安全保障条約調印	1969	返済の義務のない無償資金協力開始
		1971	沖縄返還協定調印(72年沖縄が日本復帰)
1952	日華平和条約(日台条約)調印		
1953	奄美群島返還協定調印	1972	日中共同声明(国交正常化),日華平和条約失効
1956	日ソ共同宣言調印(国交回復)		
	国際連合加盟	1978	日中平和友好条約調印
1958	本格的経済協力開始(インドに対し借款供与)	1992	PKO協力法制定,自衛隊カンボジアPKO派遣
1960	日米相互協力及び安全保障条約調印	2002	日朝首脳初会談(北朝鮮,拉致事実認める)
1965	日韓基本条約調印		

日本と私たちの役割

①平和憲法
- ▶国際社会への発信…日本は広島・長崎への原爆投下により、唯一の被爆国となった経験から、一貫して国際平和のメッセージを発信。
- ▶平和憲法にもとづく経済政策
  - ・防衛関係費をGNP 1 %以内におさえる
  - ・武器輸出三原則
  - ・非核三原則など

②国際貢献

- ▶ODA（政府開発援助）…発展途上国の経済発展や福祉向上のため，先進国の政府が行う援助や出資のこと。
  - →日本のODAは，1989年に総額で世界第一位となった（2016年は第四位）。
  - →ODAの一環として**青年海外協力隊**を派遣。
  - →日本のODAの基本理念を定めたODA大綱（1992年閣議決定）は2015年に開発協力大綱へ改定。
  - →より広い「開発協力」の概念のもと，「国益の確保に貢献するもの」とされた。

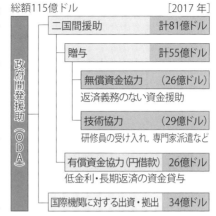

🔽 日本のODAの形態と支出額（開発協力白書）

- ▶青年海外協力隊…教育，保健，農村開発などさまざまな分野で発展途上国にボランティアを派遣している。日本のODAの一つ。
- ▶環境問題についての発信…日本がかつて直面してきた公害防止技術の世界への活用。
  - →世界の二酸化炭素排出量の削減などに応用。
- ▶文化的な交流…漫画やアニメなどの文化の発信やそれについての交流イベントなども開催されている。

🔽 おもな国のODA支出額（DAC資料）

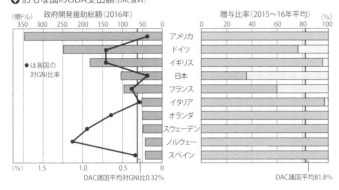

アプローチ 国境をこえて広がるNGOの活動 教 p.180~181

1 NGO と NPO はどう違う?

①NGO…非政府組織(Non-Governmental Organization)。

→政府や国際機関ではない,民間の立場で国境をこえて活動する団体。

②NPO…民間非営利組織(Non-Profit Organization)。

→営利を目的とせず,医療や福祉,教育などの分野で活動する団体。

→日本では国際的な活動を行うものをNGO,国内を中心に活動をする団体をNPOとする傾向があるが,明確な区分はない。

2 NGO の役割とは?

①発展途上国や紛争地域での活動…医療活動や平和構築,人権擁護や環境保全など広範囲で活動。

→子どもや女性,難民,移住者を対象とした援助活動も行う。

②国際会議での活動…NGOのメンバーが出席して意見を述べる。

→国連の経済社会理事会との協議資格をもつNGOは国連NGOという。

例:アムネスティ・インターナショナル(人権問題で活動)や国境なき医師団(MSF,紛争地域での医療活動)など。

🔽世界のおもなNGO

アムネスティ・インターナショナル	信念や人種,宗教,肌の色などを理由に囚われている非暴力の人々(良心の囚人)の釈放をめざし,拷問や死刑廃止を求めている。1977年,ノーベル平和賞受賞。
国境なき医師団(MSF)	紛争や自然災害の被害者や,貧困などによって保健医療サービスを受けられない人々に対し,医療・人道援助活動を行う。1999年,ノーベル平和賞受賞。
地雷禁止国際キャンペーン(ICBL)	世界各地で対人地雷の廃絶に取り組んでいるNGOの連合体。対人地雷全面禁止条約の採択を主導し,1997年,ノーベル平和賞受賞。クラスター兵器連合と統合。
核兵器廃絶国際キャンペーン(ICAN)	世界各地で核兵器の廃絶に取り組んでいるNGOの連合体。核兵器の開発・使用・保有を禁じた核兵器禁止条約の国連採択を主導し,2017年,ノーベル平和賞受賞。
グリーンピース	核実験への抗議活動や,気候変動・海洋汚染などの地球環境問題に取り組んでいる。日本では反捕鯨団体としても有名。

3 世界で活躍する日本の NGO

①法整備

→1998年,NPO法(特定非営利活動促進法)成立。

→国際協力の分野だけでも400以上。

②活動内容

• 発展途上国の生活改善,保健医療や紛争地での難民支援。

• 平和プロジェクト(地雷撤去など)。

• フェアトレード(現地で生産されたものを適正な価格で買い取ること)。

⊻ 日本のおもなNGO

ヒューマンライツ・ナウ（HRN）	国際的に確立された人権基準にもとづき，紛争や人権侵害のない公正な世界をめざし，日本から国境をこえて人権侵害をなくすために活動している。
ピースウィンズ・ジャパン（PWJ）	「必要な人々に，必要な支援を」をモットーに，自然災害や紛争などによる人道危機や生活の危機にさらされた人々を支援している。
日本国際ボランティアセンター（JVC）	急激な変化にさらされている農村で環境保全型の農業をとおして暮らしの改善に協力するほか，紛争の影響を受けた地域で医療などの人道支援を行っている。
アムダ（AMDA）	自然災害や紛争発生時に，医療・保健衛生分野を中心に人道支援活動を展開している。AMDAとは，設立当時の名称であるアジア医師連絡協議会に由来する。
オイスカ（OISCA）	「人々がさまざまな違いを乗りこえて共存し，自然と調和して生きる世界」をめざして，おもにアジア・太平洋地域で農村開発や環境保全活動を展開している。

③日本のNGO活動の課題
- 欧米のような政府による援助体制が未整備。
- 寄付文化が根づいていない。
  - →予算や人手不足。

4　私たちにできること～Think globally, act locally. ～

①世界の動きに関心をもつ
- →紛争や貧困など，現在起こっている問題の原因を知ることが大切。
- →そのうえで話しあったり，自分の意見を発信したりする。

②活動資金の援助を行う
- →書き損じのはがきや使用済みの切手，古本やCDなどの不用品をNGOに送ると活動資金にあてられる。

③勉強会への参加
- →NGOが行っている勉強会や，海外ボランティアの体験ツアーに参加する。
- →自分たちの日常生活を見直すきっかけとなる。

⊻ 日本NGOの活動分野

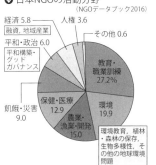
（NGOデータブック2016）

経済 5.8 ｜融資, 地域産業｜　人権 3.6
平和・政治 6.0　その他 0.6
｜平和構築・グッドガバナンス｜
教育・職業訓練 27.2%
保健・医療 12.9
飢餓・災害 9.0
農業・漁業・開発 15.0
環境 19.9
｜環境教育, 植林・森林の保存, 生物多様性, その他の地球環境問題｜

⊻ 日本NGOの活動地域

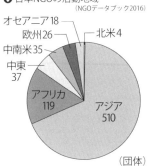
（NGOデータブック2016）

オセアニア 18
欧州 26　北米 4
中南米 35
中東 37
アフリカ 119
アジア 510
（団体）

☑ 重要用語チェック！❽

(1)	1648年に調印された，ドイツの宗教戦争にヨーロッパ諸国が干渉した三十年戦争の講和条約。この調印により，現在のスイスやオランダの独立，ドイツ諸邦の主権確立などの合意が行われた。
(2)	対立国家同士の軍事力を均衡させ，おたがいに戦争をしかけられない状況をつくることで戦争が起きるのを防ぐしくみのこと。バランス・オブ・パワーともいう。
(3)	安全保障理事会が平和維持機能を果たすことができない場合に備えてつくられた措置。
(4)	憲法前文などに示された，「人々が平和のうちに生存する権利」のこと。
(5)	日本の国際条約違反国への武器輸出禁止，輸出を認める場合の厳格審査，移転先での適正管理の3つの原則のこと。
(6)	特定の社会集団に属するなどの理由で，自国にいると迫害を受けるか，あるいは迫害を受ける恐れがあるために他国に逃れた人々。
(7)	紛争国の同意の下に派遣され，中立的で非軍事的活動を原則とし，紛争の停止と再発防止，事態の鎮静化・正常化をはかる国際連合の活動。
(8)	発展途上国の経済発展や福祉向上のため，先進国の政府や政府機関が行う援助や出資のこと。
(9)	民間の立場で国境をこえて活動する団体。
(10)	営利を目的とせず，医療や福祉，教育などの分野で活動する団体。
(11)	人間一人ひとりに着目し，生存・生活・尊厳などに対するあらゆる脅威から人々を守るという考え方。
(12)	戦争から平和への移行期にある国や地域を，新たな国家制度や社会のしくみをつくること。
(13)	難民問題の解決にあたる国際連合の機関。難民に対する国際的保護や，自発的帰国や第三国での定住などの支援活動を行う。
(14)	大気圏，宇宙空間，水中での核実験を禁止する条約。

テーマ4　グローバル化する国際経済 → 教 p.182～195

1 貿易のしくみ

自由貿易と保護貿易

①**貿易**…国と国との間で行われる商品の売買のこと。国家間で商品を購入することを輸入，売ることを輸出という。

> ▶サービス貿易…サービスの輸出入のことをサービス貿易という。海外のミュージシャンの日本公演など，物だけではなくサービスも貿易の対象になる。

②**保護貿易**…国家が貿易に干渉するかたちの貿易。

> →その手段は，自国の産業と競合する輸入品に高い関税をかけたり，輸入数量規制を行ったりするなど関税以外の手段(非関税障壁という)がおもである。

👤**リスト**…保護貿易論を展開したドイツの経済学者。リストは，自由貿易では外国との競争に負けてしまうような幼稚産業を競争力がつくまで保護する必要があるとして，経済発展の初期段階にある国においては保護貿易もやむなしとした。

③**自由貿易**…保護貿易のような国家による干渉がなく，自由に行われる貿易。

> ▶比較生産費説…リカードがとなえた，一国における各商品の生産費の比を他国のそれと比較し，優位となる商品を輸出して劣位となる商品を輸入すれば，自国と相手国双方が利益を得て国際分業が行われるという考え方。

⭕比較生産費(比較優位)説

		イギリス	ポルトガル
特化前	ラシャ1単位の生産に要する労働量	100人	90人
	ぶどう酒1単位の生産に要する労働量	120人	80人
特化後	ラシャの生産	220人の労働力で2.2単位	—
	ぶどう酒の生産	—	170人の労働力で2.125単位

> →右の表で，ポルトガルはぶどう酒，イギリスはラシャ(毛織物)に特化して生産を行うと，ぶどう酒は170/80＝

2.125単位，ラシャは220/110＝2.2単位となり，全体として特化前(それぞれ2単位)よりも生産量を増加することが可能。

👤**リカード**…イギリスの経済学者。「比較優位」の考え方により**国際分業**にもとづく自由貿易を主張。主著は『経済学および課税の原理』。

自由貿易の推進に向けて

①第二次世界大戦前の貿易

> ▶貿易による経済対立
> - 自国…輸入が激増すると国内産業を守るために高い関税をかけ，不景気になると為替の切り下げや輸出補助金などによって輸出を増やす。
> - 相手国…これに対し，ブロック経済などの報復措置をとる。
>   →このような経済対立が武力戦争を招いた。

②IMF-GATT（ガット）体制…IMF（国際通貨（つうか）基金）とGATT（関税と貿易に関する一般協定）による，貿易と通貨の両面で自由貿易を推進していく国際的体制。

- ▶ IMF…1944年のブレトン・ウッズ会議で創立が決定，同会議で調印された「国際通貨基金協定（IMF協定）」により1947年に業務を開始した国際機関。
  - →為替の安定化を主目的とする国際通貨体制を構築した。
- ▶ GATT…関税引き上げ操作などの貿易制限を廃し，自由貿易を国際的に推進することを目的として，1947年に署名された協定。
  - →参加国すべてを平等に律し，自由，無差別，多角を原則とする自由貿易の枠組（わくぐ）みを構築した。
  - →1995年にWTO（世界貿易機関（かいそ））に改組。
  - →関税引き下げなどに関する多角的貿易交渉をこれまで8回開催。**ウルグアイ・ラウンド**やWTO改組後の**ドーハ・ラウンド**などが有名。
- ▶ ドーハ・ラウンド…正式名称は「ドーハ開発アジェンダ」。ドーハはカタールの首都。2001年に行われた交渉で，WTO発足後初の貿易交渉となったが，先進国と発展途上国の意見対立が激しく，大きな成果はなかった。

国際収支

①**経常収支**（けいしょうしゅうし）…**貿易・サービス収支**（商品・サービスの取引の結果），**第一次所得収支**（だいいちじししょとくしゅうし）（海外で得た給料や利子などの受け取りと海外への支払い），**第二次所得収支**（だいにじししょとくしゅうし）（国際機関などへの拠出金（きょしゅつ））からなる。

②**資本移転等収支**（しほんいてんとうしゅうし）…道路・橋の建設などインフラ整備のための資金など外国での無償（むしょう）資金援助。

③**金融収支**（きんゆうしゅうし）…証券投資などの間接投資や海外での企業設立などの直接投資にともなう資本の移動や，外貨準備（がいかじゅんび）（対外支払いや為替相場の安定化のために通貨当局が保有する資産）の増減。

- →近年の日本の**国際収支**（こくさいしゅうし）は第一次所得収支の黒字（くろじ）額が大きく，これは海外投資からの配当や利子の受取額が大きいためである。
- →さらに，日本から海外への直接投資や証券投資が活発に行われているため，海外で保有する資産が増加したことから金融収支もプラスである。

❻ 国際収支の体系

※統計上，❶＋❷－❸＋❹＝0　となる。

2 国際金融のしくみと動向

為替のしくみと外国為替市場

①**為替**…商品の買い手が，自分がほかの業者や銀行など金融機関に対してもつ債権を売り手に譲り渡すことによって決済する方法。

　→現金をもたなくても，決済可能である点が特徴。

②**外国為替**…外国との為替の取引のこと。異なる通貨の取引を，現金ではなく銀行を介して決済する方法。

　(1)日本の業者がアメリカの業者から 1 万ドルの商品を輸入する。

　(2)日本の業者は 1 万ドル相当の円を銀行に振り込み，アメリカの業者は銀行から 1 万ドルを受け取る。

　(3)銀行の保有する各種通貨の残高(持高)にアンバランスが生じた場合，銀行間で通貨の売買が行われる。

　　→この場を**外国為替市場**という。

▶外国為替市場…外貨売買に参加する銀行などの金融機関を，電話や通信機器でつないだ場のこと。実際に市場という空間があるわけではない。

　　→**変動為替相場制**のもとでは，円と他通貨の為替レート(**為替相場**)が決定される。

◐為替という決済方法

◐外国為替のしくみ

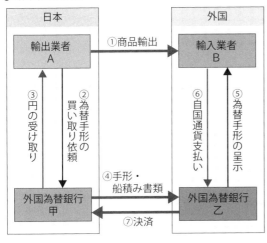

①日本の輸出業者 A が，外国の輸入業者 B に商品を輸出すると，②A は為替手形を組んで，日本の外国為替銀行甲に買い取りを依頼し，③代金を円で受け取る。④外国為替銀行甲は，買った為替手形を外国為替銀行乙に送る。⑤乙は代金を取り立てるために，為替手形を B に呈示する。そこで，⑥輸入業者 B は，輸出業者 A に支払う代金を自国通貨で乙に支払う。⑦乙，甲間で資金の決済をする。

これは為替手形の流れと資金の流れが逆であることから，逆為替という。

このほかに，輸入業者 B が銀行を通じて先に輸入代金を送る送金為替(並為替)とよばれる方法もある。

国際通貨制度

①**固定為替相場制**…各通貨の為替相場があらかじめ決定されたレートに固定されていること。

　→第二次世界大戦後の IMF 体制はこの固定為替相場制を採用していた。

　→日本円も，1949年から1971年までの間，1 ドル＝360円に固定されていた。

▶**金・ドル本位制**…金との交換を保証されたドルとそれ以外の通貨が決まったレート（固定相場）で結びつけられ，ドルを介して各国通貨の交換比率が定められる体制のこと。

→各国は準備通貨としてドルを所有するが，これを1オンス（約31 g）＝35ドルの比率で金との交換が保証された。

→ドルは世界の**基軸通貨**としての役割を負い，アメリカは世界中にドルを供給する義務を担った。

▶**基軸通貨**…貿易や国際的な資本取引を行う際の決済手段として使われる通貨。

→各国通貨の価値基準となり，外貨準備としても保有される。

→絶大な信用を得たドルであったが，アメリカの貿易赤字，対外経済援助にともなう大量のドル供給により，逆にドルの信用が落ちるというジレンマが生じた。

→ドルへの不安は金流出を促進し，海外のドルがアメリカの金準備を上回った（**ドル危機**）。

▶**ニクソン・ショック**…ニクソン大統領による1971年の金・ドルの交換停止の発表のこと。

→1973年に変動為替相場制に移行，1976年にジャマイカのキングストンで行われたIMFの暫定委員会において正式に承認され，国際通貨制度は固定為替相場制から変動為替相場制に移行した（**キングストン合意**）。

国際金融の動向

①固定為替相場制と変動為替相場制

▶固定為替相場制…レートを一定に保たなければならない。

→為替取引や資本移動を制限することになる。

▶変動為替相場制…レートを一定に保つ必要がなく，市場における需給関係に任せる。

→変動為替相場制に移行して以来，為替取引や資本移動の自由化が促進。

→巨額の資本が国際間を移動した結果，1990年代には**アジア通貨危機**を引き起こした。

▶アジア通貨危機…1997年，タイの通貨であるバーツが暴落したことを契機に，フィリピンやインドネシア，韓国などのアジア諸国に波及した通貨危機。

②世界金融危機…2000年代のアメリカにおけるITバブル・住宅バブル。

▶**サブプライムローン**…アメリカの低所得者向け高金利ローンのこと。

→サブプライムとはプライム（優良客）より劣位（サブ）の層の客を指す。

→銀行はサブプライムローンを担保とする債券（有価証券）を発行し，これを購入した投資銀行などがさらにこれを担保にして新債券を発行する，というようにつぎつぎとつくり出される債券を世界中の金融機関が購入するようになった。

▶**リーマン・ショック**…住宅バブルの崩壊によって2008年に投資銀行のリーマン・ブラザーズが経営破綻。

→**世界金融危機**を引き起こした。

ゼミナール　戦後国際経済の動き　教 p.188~189

1　第二次世界大戦の終結と IMF-GATT 体制

①国際経済体制の再建
- ▶各国の**ブロック経済化**…第二次世界大戦の一因となった。
  - →戦後は自由貿易主義にもとづいた経済体制へ。
- ▶ブロック経済…植民地などを含めた複数の国で高関税や輸入数量制限などを行い，閉鎖的な地域経済圏（ブロック）を形成すること。

②**ブレトン・ウッズ協定**…1944年，連合国国際通貨会議で結ばれた協定。
- →金との交換が保証されたドルを基軸通貨とする**固定為替相場制**を採用（金・ドル本位制）。

③IMF-GATT体制…戦後の国際経済体制。
- →短期融資を行うIMF（国際通貨基金）と，復興のための長期融資を行う**国際復興開発銀行（IBRD，世界銀行）**の創設。
- →1947年，**GATT（関税と貿易に関する一般協定）**の締結。自由，無差別，多角を原則とし，自由貿易が推進されるようになった。

④アメリカの動向
- ▶1950年代…大量の金を保有するアメリカが戦後復興に中心的な役割を果たす。
- ▶1960年代…多数の経済援助やベトナム戦争などへの軍事支出を通じてドルが世界中に散布。
  - →大量の金が国外に流出（**ドル危機**）。アメリカのドル防衛策も失敗に終わる。
- ▶1971年…ニクソン大統領は新経済政策を発表。
  - →金とドルの交換を停止（**ニクソン・ショック**）。
  - →同年，**スミソニアン協定**の締結。
  - →1973年…主要国は**変動為替相場制**に移行，1976年のキングストン合意により承認。
- ▶スミソニアン協定…金1オンス＝38ドルへの切り下げと，円の切り上げ（1ドル＝308円）などを定めた協定。スミソニアン博物館で締結されたことに由来。

2　石油危機以後の世界経済

①1960年代…先進国が好況を維持。

②1970年代…二度にわたる石油危機によって世界経済は停滞。

③1980年代
- ▶保護主義の台頭…アメリカでの「**双子の赤字**」（財政赤字と経常収支の赤字の同時進行）が背景。
  - →自国の産業の保護，国際収支改善などのために関税などをかける保護主義が台頭。
- ▶**プラザ合意**…先進5か国財務相・中央銀行総裁会議（**G5**）を招集し，ドル高是正を協議。
  - →これより円高・マルク高とドル安が進行し，日本では円高不況となった。
  - →その後はG5やG7，**サミット**（主要国首脳会議，1975年が初回）などで政策協調をめざす。

④発展途上国の動き
  ▶資源ナショナリズムの高揚
    →資源をもつ国が，自国においてその資源を保有・管理するという考え方が高まり，発展途上国の存在感が上昇。
  ▶NIES（新興工業経済地域）の形成…発展途上国のなかでとくに1960年代から80年代にかけて急速に工業化を進めた国や地域のこと。
    →シンガポール，台湾，韓国，香港，ブラジル，メキシコなどがこれにあたる。
⑤社会主義国の行きづまり
    →東欧諸国などは，非能率的な経済運営により経済がいきづまり，1980年以降はソ連などが相次いで崩壊した。
    →その一方，中国は1978年に改革開放路線に切り替え，急速な経済成長を遂げた。

3　GATT 体制の変容
①GATTの多角的貿易交渉
    →ケネディ・ラウンド，東京ラウンドでは関税の大幅な引き下げと輸入制限措置の緩和を合意。
    →1986年のウルグアイ・ラウンドではサービス貿易や知的所有権に関するルールづくり，農産物の関税化についての合意も行われた。
    →1995年，GATTは世界貿易機関（WTO）に発展的解消を遂げる。
②WTOの活動
    →2001年，ドーハ・ラウンドを立ち上げるも，各国の利害対立により2011年に交渉休止。

◑アジアインフラ投資銀行の署名式

    →現在においては，利害が一致しやすい国同士でのFTA（自由貿易協定）やEPA（経済連携協定）の締結が活発化。

4　グローバル化する世界経済
①世界金融危機
    →2008年，リーマン・ショックにはじまる世界金融危機で投機的資金の影響力が示される。
    →世界経済の不安定化のなかでBRICSを含めたG20サミットなどの開催。

3 グローバル化と今日の国際経済

現在の国際経済秩序

①第二次世界大戦後の国際経済秩序

→IMF-GATT体制のもとで国際協調。

→ブレトン・ウッズ協定以降，固定為替相場制を堅持。

②石油危機以降

→国際通貨制度が変動為替相場制に移行。

→金融・財政制度の自由度が高まると同時に，保護主義・一国主義が台頭。

→サミット（主要国首脳会議）で貿易をめぐる諸問題について議論。

▶セーフガード…緊急輸入制限のこと。自由貿易のもと，ある国にある商品が大量に輸入された場合，その国の国内産業に重大な損害をあたえるおそれがある。このような場合に，政府は関税引き上げや輸入数量制限などの措置によってその損害を回避しようとすることができる制度。

③新興諸国の台頭

→中国，韓国，ロシア，インド，ブラジル（G20構成国）など新興諸国の経済発展。

→国際社会における発言力が高まる。

→先進国と新興諸国との対立の深まり。

例：ドーハ・ラウンドでの利害対立。

◆ G20の構成国・地域

＊1　先進7か国財務相・中央銀行総裁会議
＊2　主要20か国・地域

地域統合

①国際経済と地域統合

▶国際経済…国家を基本単位とするシステム。IMF-GATT体制など。

→国家間の利害のバランスによって秩序が保たれる。

→しかし，その体制も亀裂が深まり，そのかわりに地域統合の動きが活発に。

②EU（欧州連合）

▶EC（欧州共同体）がマーストリヒト条約（欧州連合条約）を締結。

→単一通貨（ユーロ），共通外交，単一市民権を定めるEU（欧州連合）へ発展。

→イギリスは国家主権への制約が大きいと考え，国民投票を実施したうえで2020年に離脱。

▶EC（欧州共同体）…欧州石炭鉄鋼共同体（ECSC），欧州経済共同体（EEC），欧州原子力共同体（EURATOM）が1967年に統合されて成立した地域共同体。

◆ ヨーロッパの地域統合

③ヨーロッパ以外の地域統合

- ▶北米…**北米自由貿易協定（NAFTA）**から米国・メキシコ・カナダ協定（USMCA）へ。
- ▶南米…メルコスール（南米南部共同市場）
- ▶アジア…**東南アジア諸国連合（ASEAN）**諸国がASEAN自由貿易地域（AFTA）を形成。
  - →日本はASEANとの間で，物品貿易の自由化や知的財産権や農林水産分野での協力を盛りこんだ日・ASEAN包括的経済連携（AJCEP）協定の締結を進めている。
- ▶**環太平洋経済連携協定（TPP）**…アメリカの国内批准が得られなかったため，これを除く11カ国で合意，発効。

④地域統合の種類

- ▶**FTA（自由貿易協定）**…二国間ないし多国間で，関税や非関税障壁（しょうへき）を撤廃（てっぱい）することで自由貿易を推進する協定。
- ▶**EPA（経済連携協定）**…貿易障壁の撤廃に加え，知的財産の保護や労働力移動なども含んだ広範な経済協力をめざす協定。

台頭する新興国

①BRICS（ブリックス）…ブラジル，ロシア，インド，中国，南アフリカの５か国のこと。

- →なかでも中国の発展がめざましい。GDPはアメリカについて世界第２位，日本の２倍以上であり，存在感を増す。
- →日米が主導するアジア投資銀行に対抗したアジアインフラ投資銀行（AIIB）の設立や，「一帯一路」のもとシルクロード経済圏の構築をめざす。
- →米中経済戦争へ。
- ▶米中経済戦争…アメリカと中国による経済的な争い。
  - →中国との貿易で巨額の赤字を計上しているアメリカは，トランプ大統領のもと，鉄鋼などの中国からの輸入品に高率の関税をかけ，中国はこれに対抗してアメリカからの輸入品に報復（ほうふく）関税をかけた。

❤ 世界のおもな地域統合（2021年９月現在）

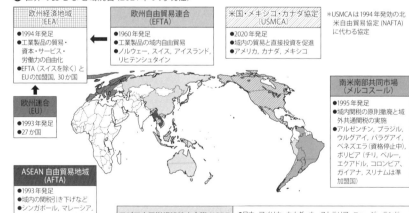

4 国際経済の諸課題

南北問題

①**南北問題**…地球の北側の先進国と南側の
発展途上国との間にある経済格差問題。

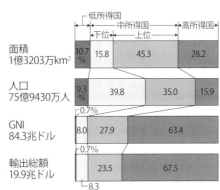

南北間の格差(世界銀行資料)

[2018年] ＊低・中・高所得国の区分は世界銀行による

- →南側に位置する国のほとんどはかつて
  植民地であった。
- →植民地化によってそれ以前にあった産
  業や技術力がそこなわれ，自力(じりき)での経
  済発展の機会が失われた。
- →植民地国は特定の輸出用換金(かんきん)作物の**モ
  ノカルチャー**(単一栽培(たんいつ))をおしつけら
  れ，それは独立後も変わらなかった。
- →北側諸国は工業製品を，南側諸国は農
  産物や鉱産物などの一次産品を生産し，
  貿易を行う垂直的分業(ぶんぎょう)が固定化。
- → 一次産品の価格下落による**交易条件**の悪化により経済格差が拡大。
- ▶ 交易条件…輸出品一単位との交換で手に入れられる輸入品の数量。

②**南南問題**…南側諸国のなかで，工業化をもとに成長する国と貧困にあえぐ国(**後発発
展途上国**〔LDC〕)との経済格差問題。

- →南側諸国のなかには，工業化と先進国からの資金導入によって輸出用製品の生産を
  行うところもある。
- →1980年代の世界同時不況によって中南米諸国では借金返済のために借金を重ねる累(るい)
  積債務(せきさいむ)問題が深刻化したが，IMFや先進国の支援により切り抜け，発展。
- →その一方で工業化に乗り遅れた国もあり，南南問題も深刻化。

人口・食料問題

①**人口爆発**…アフリカなどの発展途上国で
著しく人口が増加すること。

- →世界人口は77億人(2019年)から85億人
  (2030年)，97億人(2050年)まで増加す
  ると予測されている。

②食料問題

- →人口増加によって食料不足が深刻化。
- →**飢餓**(きが)状態にある人は8億人にのぼる。
- →食料問題は食料が絶対的に足りないと
  いうわけではなく，食料の偏在に起因
  している。
- →先進国では食料過剰(かじょう)や食品ロスが問題
  になっているのに，発展途上国では5
  人に一人が栄養不足の状況にある。

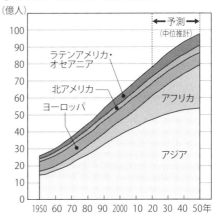

地域別の人口推移と予測(国際連合資料)

→国連食糧農業機関(FAO)や国連世界食糧計画(WFP)などの国際機関が飢餓と貧困の撲滅をはかる。

▶ 飢餓状態…長期間にわたりじゅうぶんな食料が得られないことで，慢性的な栄養不足で生存と生活が困難な状態のこと。

▶ 食品ロス…本来であればまだ食用可能な食品が廃棄されること。フードロスともよばれる。

　→飲食店や家庭での食べ残しや過剰生産などが原因とされる。

格差の是正に向けて

①国連の対応

→国連貿易開発会議(UNCTAD)の第1回会議で一次産品の価格安定化や特恵関税の導入などを求めたプレビッシュ報告を発表。

→OECD(経済協力開発機構)のDAC(開発援助委員会)では発展途上国に対するODA(政府開発援助)の強化を要請。

→国連資源特別委員会では石油危機後の資源産出国の発言力の高まりを受けて，南北間の公平な経済関係の樹立を求める新国際経済秩序(NIEO)樹立宣言を採択。

②1990年代の動向

→国連開発計画(UNDP)は人間開発指数(HDI)を作成して貧困層に直接届く援助を実現することを提唱した。

→国連は「ミレニアム開発目標(MDGs)」を策定し，さらに達成期限を迎えた2015年には国連サミットで「持続可能な開発目標(SDGs)」を採択した。

→NGOの活躍も顕著。グラミン銀行やフェアトレードの取り組みなど。

▶ 人間開発指数(HDI)…出生児の平均余命，就学率，一人あたりの実質所得などを用いて各国の人々の生活環境を評価する指数。

▶ 持続可能な開発目標(SDGs)…「将来の世代のニーズを満たしつつ，現在の世代のニーズも満足させるような開発」を行うための17の目標のこと。

　→「貧困をなくそう」「飢餓をゼロに」「質の高い教育をみんなに」などがかかげられている。

▶ グラミン銀行…貧しい人々を対象に無担保で少額を融資するマイクロファイナンスを普及させたバングラデシュの民間銀行。

🔽 国際経済協力体制

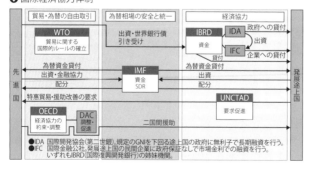

アプローチ　SDGsの達成に向けて　教 p.194~195

1　MDGs から SDGs へ

①MDGs…Millennium Development Goalsの略称で，2000年に国連サミットで採択された**ミレニアム開発目標**のこと。達成期限は2015年であるとされた。

→MDGsの8つのゴールのうち，ゴール7と8を除いてその対象は発展途上国を対象としたもの。

◐ MDGs(ミレニアム開発目標)の8つのゴール(国際連合資料)

1	極度の貧困と飢餓の撲滅	5	妊産婦の健康状態の改善
2	普遍的な初等教育の達成	6	HIV/エイズ，マラリア，その他の疾患の蔓延防止
3	ジェンダーの平等の推進と女性の地位向上	7	環境の持続可能性を確保
4	乳幼児死亡率の引き下げ	8	開発のためのグローバル・パートナーシップの構築

▶MDGsへの批判

(1)「乳幼児死亡率の引き下げ(ゴール4)」など，発展途上国が抱える固有の問題を取り上げて解決策を探っただけであり，それも先進国が決めたものである。

(2)進展には地域的な偏りがみられた。

→こうした批判をふまえ，SDGsが提示された。

②SDGs…Sustainable Development Goalsの略称で，2015年に国連サミットで採択された「**持続可能な開発目標**」のこと。

→国連加盟国が2016年から2030年までの15年間で達成するためにかかげられた。

→MDGsの批判を反省に，「だれ一人取り残さない(leave no one behind)」ことをめざして発展途上国と先進国が一丸となって取り組むものとされた。

→ゴールは全部で17設定されている。

▶1～6…MDGsから引きつがれた途上国の社会的目標

▶7～12…先進国にも関係する経済的目標

▶13～15…環境・自然に関する目標

▶16・17…すべての国に共通する目標

2　17 のゴールと 169 のターゲット

①ゴールの具体化

▶17のゴールの下に合計で169のターゲットを明示。

→ターゲットはゴールを具体的に明示したもので，ゴールの内容を深く理解することができる。

◆ ゴール12：つくる責任つかう責任のターゲット

> 12.1　発展途上国の開発状況や能力を勘案しつつ，持続可能な消費と生産に関する10年間枠組み（10YFP）を実施し，先進国主導の下，すべての国々が対策を講じる。
>
> 12.2　2030年までに天然資源の持続可能な管理及び効率的な利用を達成する。
>
> 12.3　2030年までに小売・消費レベルにおける世界全体の一人あたりの食料の廃棄を半減させ，収穫後損失などの生産・サプライチェーンにおける食品の損失を減少させる。
>
> 12.4　2020年までに，合意された国際的な枠組みに従い，製品ライフサイクルを通じ，環境上適正な化学物質やすべての廃棄物の管理を実現し，人の健康や環境への悪影響を最小化するため，化学物質や廃棄物の大気，水，土壌への放出を大幅に削減する。
>
> 12.5　2030年までに，廃棄物の発生防止，削減，再生利用および再利用により，廃棄物の発生を大幅に削減する。
>
> 12.6　特に大企業や多国籍企業などの企業に対し，持続可能な取り組みを導入し，持続可能性に関する情報を定期報告に盛りこむよう奨励する。
>
> 12.7　国内の政策や優先事項に従って持続可能な公共調達の慣行を促進する。
>
> 12.8　2030年までに，人々があらゆる場所において，持続可能な開発および自然と調和したライフスタイルに関する情報と意識をもつようにする。
>
> 12.a　発展途上国に対し，より持続可能な消費・生産形態の促進のための科学的・技術的能力の強化を支援する。
>
> 12.b　雇用創出，地方の文化振興・産品販促につながる持続可能な観光業に対して持続可能な開発がもたらす影響を測定する手法を開発・導入する。
>
> 12.c　発展途上国の特別なニーズや状況を十分考慮し，貧困層やコミュニティを保護する形で開発に関する悪影響を最小限に留めつつ，税制改正や，有害な補助金が存在する場合はその環境への影響を考慮してその段階的廃止などを通じ，各国の状況に応じて，市場のひずみを除去することで，浪費的な消費を奨励する，化石燃料に対する非効率な補助金を合理化する。

3　日本における8つの優先課題と具体的な取り組み

① <u>日本政府のSDGsへの対応</u>…全国務大臣をメンバーとする「持続可能な開発目標（SDGs）推進本部」を設置。

　→日本政府は17のゴールのうち，8つの優先事項を設定。

　→「あらゆる人々の活躍の推進」，「健康・長寿の達成」，「成長市場の創出，地域活性化，科学技術イノベーション」，「持続可能で強靱な国土と質の高いインフラの整備」，「省・再生可能エネルギー，気候変動対策，循環型社会」，「生物多様性，森林，海洋等の環境の保全」，「平和と安全・安心社会の実現」，「SDGs実施推進の体制と手段」の8つ。

☑ 重要用語チェック！❾

(1)	自由貿易では外国との競争に負けてしまうような幼稚産業を競争力がつくまで保護する必要があるとして，経済発展の初期段階にある国においては保護貿易が必要であると説いたドイツの経済学者。
(2)	一国における各商品の生産費の比を他国のそれと比較し，優位となる商品を輸出して劣位となる商品を輸入すれば，自国と相手国双方が利益を得て国際分業が行われるという考え方。
(3)	関税引き上げ操作などの貿易制限を廃し，自由貿易を国際的に推進することを目的として，1947年に署名された協定。参加国すべてを平等に律し，自由，無差別，多角を原則とする自由貿易の枠組みを構築した。
(4)	外貨売買に参加する銀行などの金融機関を，電話や通信機器でつないだ場のこと。
(5)	金との交換を保証されたドルとそれ以外の通貨が決まったレート（固定相場）で結びつけられ，ドルを介して各国通貨の交換比率が定められる体制のこと。
(6)	1997年，タイの通貨であるバーツが暴落したことを契機に，フィリピンやインドネシア，韓国などのアジア諸国に波及した通貨危機。
(7)	資源をもつ国が，自国においてその資源を保有・管理するという考え方。
(8)	発展途上国のなかでとくに1960年代から80年代にかけて急速に工業化を進めた国や地域のこと。シンガポール，台湾，韓国，香港，ブラジル，メキシコなどがこれにあたる。
(9)	出生児の平均余命，就学率，一人あたりの実質所得などを用いて各国の人々の生活環境を評価する指数。
(10)	「将来の世代のニーズを満たしつつ，現在の世代のニーズも満足させるような開発」を行うための17の目標のこと。
(11)	二国間ないし多国間で，関税や非関税障壁を撤廃することで自由貿易を推進する協定。
(12)	本来であればまだ食用可能な食品が廃棄されること。

演習問題 ❽

１ 次の文中の①～③にあてはまる語句を答えよ。

「国際法の父」といわれるのは，オランダの法学者の（①　　　　　　　　　　）である。彼は，三十年戦争の惨禍を目のあたりにし，国家相互の関係にも自然法を適用して秩序を構築することを提案した。

国際法には，国家間の文書による合意である（②　　　　　　　　　）と，国家間でなんども繰り返されながら，拘束力を有すると認められた原則である（③　　　　　　　）がある。両者の違いは，（　②　）が関係する当事国のみを拘束するのに対し，（　③　）は国際社会全体を拘束する点である。

２ 次の問いに答えよ。

⑴　次の文章は，戦後の日本の安全保障政策について述べたものである。下線部が正しい場合には○を，誤っている場合には正しい語句を答えよ。

政府は1970年代以来，日本は₁集団的自衛権をもってはいるものの，日本国憲法下では行使は禁止されるとしてきた。2014年，₂小泉純一郎内閣は従来の政府見解を転換する₃国会決議を行い₄個別的自衛権の行使を一部可能であるとした。そのうえで，日本と密接な関係にある他国への武力攻撃があり，₅存立危機事態が発生した場合は，集団的自衛権の行使を可能とする安全保障関連法が制定された。

①（　　　　　　　）②（　　　　　　　）③（　　　　　　　）
④（　　　　　　　）⑤（　　　　　　　）

⑵　次のア～エのうち，1992年に成立したPKO協力法に示された，PKO参加5原則として適切でないものを一つ選べ。　　　　　　　　（　　　　　）

ア　紛争当事者間での停戦合意　　イ　紛争当事者の受け入れ同意
ウ　独自判断による撤退の禁止　　エ　必要最小限の武器使用

３ 国際収支について，次の問いに答えよ。

⑴　次の文中の①～③にあてはまる語句を答えなさい。

国際収支には大きくわけて（①　　　　　　　　），資本移転等収支，
⑵（　　　　　　　）の3つがあり，（　①　）はさらに商品などの取引の結果である
⑶（　　　　　　　）と第一次所得収支，第二次所得収支からなる。

⑵　次のア～エのうち，第一次所得収支と第二次所得収支に分類されるものをそれぞれ1つずつ選べ。

ア　証券投資などの間接投資　　イ　海外で得た給料
ウ　国際機関拠出金　　　　　　エ　海外での企業設立などの直接投資

第一次所得収支（　　　　　　　）
第二次所得収支（　　　　　　　）

4 次の資料を見て，下の文中の①〜⑤にあてはまる語句を答えよ。なお，④・⑤については適切なものを選べ。

資料　A国とB国における毛織物とワイン1単位の生産に必要な労働量

	毛織物（1単位）	ワイン（1単位）
A国	25人	50人
B国	45人	30人

　　A国で毛織物の生産を1単位増やそうとすれば，毛織物の生産に従事する労働者を（①　　　　　　　　　）人増やし，ワインの生産に従事している労働者を（①　　）人減らさなければならない。したがって，A国における毛織物一単位あたりの労働量はワイン（②　　　　　　　　　）単位分となる。同様に考えると，B国における毛織物の一単位あたりの労働量はワイン（③　　　　　　　　　）単位分となる。したがって，毛織物一単位あたりの労働量はB国よりもA国の方が（④　少ない　・　多い　）ことになるから，毛織物の生産は（⑤　A国　・　B国　）で行った方がよいという結論になる。

5 次の文中の①〜⑫にあてはまる語句を，下のア〜トの中からそれぞれ1つずつ選べ。

　　1944年，連合国国際通貨会議で（①　　　　　　　　　）協定により，金との交換が保証されたドルを基軸通貨とする（②　　　　　　　　　）為替相場制を採用した。また，短期融資を行う（③　　　　　　　）と，復興のための長期融資を行う（④　　　　　　　　）が創設された。

　　貿易については，1947年，（⑤　　　　　　　　）が締結され，（⑥　　　　　　　　）貿易が推進された。

　　1950年代までは大量の金を保有する（⑦　　　　　　　　）が戦後復興に中心的な役割を果たしたが，1960年代になると多数の経済援助や（⑧　　　　　　　　）戦争などへの軍事支出を通じてドルが世界中に散布され，ドル危機を迎えた。ドル防衛策もむなしく，1971年（⑨　　　　　　　）大統領は新経済政策を発表し，金とドルの交換を停止し，同年，（⑩　　　　　　　）協定を締結した。同協定では，金1オンス＝38ドルへの切り下げと，円の切り上げ（1ドル＝308円）などが定められた。1973年，主要国は（⑪　　　　　　　）為替相場制に移行し，1976年の（⑫　　　　　　　）合意により承認された。

> ア　自由　　イ　アメリカ　　ウ　変動　　エ　プラザ　　オ　朝鮮
> カ　IMF（国際通貨基金）　　キ　ブレトン・ウッズ　　ク　保護
> ケ　IBRD（世界銀行）　　コ　ベトナム　　サ　イギリス　　シ　ケネディ
> ス　GATT（関税と貿易に関する一般協定）　　セ　固定　　ソ　キングストン
> タ　レーガン　　チ　スミソニアン　　ツ　第四次中東　　テ　管理
> ト　ニクソン

［解答→p.168］

第3部　持続可能な社会づくりに参画するために

1　探究のイメージをつかもう → 教 p.198

探究とは

①探究活動…自ら問いや仮説を立てて，情報収集・分析を行い，熟考して自分の主張を決める。そしてそれを他者に向けて発表するなど，アウトプットするという一連の流れのこと。

→その過程では，今まで学んできた知識をもとにして「調べる」「読み取る」などのスキルを活用し，思考・判断をしていく。

→そして探究活動の成果を他者と共有するにあたっては「わかりやすく伝える」「議論する」などのスキルも養っていく。

②知的好奇心と問題意識

→探究活動は知的好奇心と問題意識から始まる。

▶知的好奇心…もっと知りたい，考えたいという気持ちのこと。

▶問題意識…この問題を解決しなくてはならないという意識のこと。

→探究活動の結論をアウトプットして他者と共有することで，さらに新しい疑問や関心が生まれる。

⬇アウトプットの形

アウトプットの場	具体的内容
学校のなかでの発表	●レポート ●スピーチ ●ポスターセッション
社会に向けた発言・提言	●行政や議会への提案書づくり ●新聞やウェブメディアへの投稿記事づくり
討論活動・創作活動	●ディベート ●ディスカッション ●劇づくり

2　探究プロセス ➡ 教 p.199 ～ 206

探究プロセスの全体像

①探究プロセス

Ⅰ　つかむ	①関心のある探究テーマをあげる
	②探究テーマについて下調べし，探究課題を考える
	③探究課題(リサーチ・クエスチョン)を決める
	④自分の主張を仮に考える
Ⅱ　考える	⑤探究方法を決め，計画を立てる
	⑥探究に必要な情報(データやさまざまな主張など)を収集する
	⑦情報を読み取り，整理する(論争状況の整理など)
	⑧自分の主張を決める
中間発表	
Ⅲ　まとめる	⑨アウトライン(論証・説明の流れ)を考える
	⑩説明・論述する
最終発表	
Ⅳ　ふり返る	⑪全体の学習をふり返り，成果と課題を確認する

②すぐれた探究のポイント

▶レポートの場合…課題設定の適切さ，独自性・独創性，論理性(構成力)，情報活用の適切さ，表現力

Ⅰつかむ

①関心のある探究テーマをあげる

→授業や教科書を復習したり，新聞・テレビ・インターネットから収集したニュースをふり返ったりしながら自分の関心のあるテーマを書き出してみる。

②探究テーマについて下調べし，探究課題を考える

→書き出したテーマについて，身近にある資料や議論の動向(先行研究という)を概観してみる。大まかな背景知識を得て，実際に自分の探究課題として取り上げられるかどうかを判断するのが目的。

③探究課題(リサーチ・クエスチョン)を決める

→探究課題(リサーチ・クエスチョン)を明確に決め，自分が何を明らかにしたいのかを自覚する。

④自分の主張を仮に考える

→探究はだれかの意見をまとめるものではない。探究とは自分が設定した課題に対して，根拠を明示して自分の主張を示すものであり，調べることはそのための過程となる。
※客観的な事実(「～である」)と価値判断を含む意見(「～べきである」)を区別する。

Ⅱ考える

⑤探究方法を決め，計画を立てる

▶探究方法の例

• 文献資料(書籍，論文，新聞記事など)を図書館などで調査する。

- フィールドワークやインタビューで，問題の実態をつかむ。
- 統計データを収集，分析する。

⑥探究に必要な情報(データやさまざまな主張など)を収集する

▶書籍…特定のテーマについて全体像を体系的に知るために最適な方法。
　　→さがし方…図書館や書店の本棚からさがす・書籍情報のウェブサイトを活用する・ネット書店で探す。

▶論文…研究者である専門家が学術誌に発表したものなので信頼性が高い。しかし，専門的な内容なので予備知識がないと難しい。
　　→さがし方…論文検索サイトを活用する。

▶新聞・雑誌…速報性が高いので，時事問題をタイムリーに知るのに適している。ただし，誤情報が含まれる，一面的な記述になるなどの可能性もある。
　　→さがし方…図書館にある新聞縮刷版・雑誌のバックナンバー・オンライン記事データベース。

▶事典…用語の定義や基本的な知識を正確におさえることができる。
　　→さがし方…図書館のレファレンスコーナーやオンライン事典の活用

▶統計資料…具体的な数字を示すことで主張に説得力をもたせることができる。
　　→おもな統計資料…官公庁がまとめた白書や特定の分野の1年間の動向をまとめた年鑑。

▶現場取材(フィードバック，インタビュー)…人々の意識や実態を知る。

⑦情報を読み取り，整理する(論争状況の整理など)

　→資料を批判的に読む。書き手の立場や書かれた時期，書き手の主張の根拠などを意識しながら読み進める。

⑧自分の主張を決める

　→探究をとおして得た知識や考え方をもとに主張を構成する。

Ⅲまとめる

⑨アウトライン(論証・説明の流れ)を考える

　→課題の提示，前提知識，問題の所在などを確認し，さまざまな切り口から考える。
　→そのうえでまとめ，どのような順序で示していけば自分の主張をわかってもらえるか考える。

⑩説明・論述する

　→「探究課題(問い)」「自分の主張」「論証」の3点をつねに意識する。
　→レポートを書く場合は「アウトラインに従う」「接続語を使い論理的に話をつなげる」「具体例を用いてわかりやすく説明する」ことを心がける。

Ⅳふり返る

⑪全体の学習をふり返り，成果と課題を確認する

　→ふり返りの目標は「探究学習をとおしてわかったことや新たな問いを確認する」
▶自分で問いを立て，しっかり考えることができたか。
▶どんな力が身についたか，その力を社会でどう生かせるか。
▶改善点は何か。
▶さらに知りたくなったことは何か。

演習問題の解答・解説

(1)マージナル・マン

(2)アイデンティティの確立

(3)心理・社会的モラトリアム

(4)リキッド・モダニティ

(5)ライフサイクル　(6)定言命法

(7)危害原理(他者危害原理)

(8)活動　(9)コミュニケーション的理性

(10)間柄　(11)無責任の体系　(12)自己内対話

(13)アガペー　(14)涅槃寂静　(15)ムハンマド

演習問題❶　18〜19ページ

1 (1)青年期　(2)ルソー

2 ①ホール　②レヴィン　③心理的離乳

3 (1)ボランティア

(2)ソーシャルビジネス

4 ①キャリア　②ライフサイクル

③生きがい

5 ①カント　②仮言命法　③定言命法

6 (1)危害原理(他者危害原理)

(2)J.S.ミル

7 ①アーレント　②活動　③公共

8 (1)コミュニケーション的理性

(2)討議デモクラシー(熟議民主主義)

9 (1)和辻哲郎　(2)信頼

10 ①丸山真男　②無責任

11 ①おほやけ　②わたくし

③パブリック　④プライベート

12 (1)八正道　(2)クルアーン(コーラン)

解説 5 カントは定言命法・仮言命法を区別し、道徳法則は無条件の義務として自分が決める定言命法の形をとるとした。

12 (1)仏教は人生をすべて苦しみであるととらえる(一切皆苦)が、そこから安らかな境地(涅槃寂静)にいたるた

めの正しい修行法が八正道である。

重要用語チェック！❷　29ページ

(1)目的論　(2)功利主義　(3)目的の国

(4)無知のヴェール　(5)エンハンスメント

(6)無知の知　(7)知は力なり　(8)演繹法

(9)社会契約説　(10)人倫

(11)疎外された労働　(12)孔子　(13)柔弱謙下

(14)最澄　(15)道元　(16)国学　(17)柳田国男

演習問題❷　30〜31ページ

1 (1)最大多数の最大幸福　(2)自律

2 (1)ウ

(2)A ア　B エ　C オ　D ウ　E イ

3 ①ロールズ　②功利　③正義

4 ①ベーコン　②帰納法　③演繹法

④デカルト　⑤方法的懐疑

5 ニーチェ—「神は死んだ」

ハイデッガー—「死への存在」

サルトル—「実存は本質に先立つ」

6 (1)四端　(2)無為自然

7 ①聖徳太子　②最澄　③仏性

④空海　⑤法然　⑥只管打坐

⑦朱子学　⑧陽明学　⑨本居宣長

解説 2 (1)ア・イは部分的正義である。

5 ニーチェは、信じ続けることができる真理がなくなったとして「神は死んだ」と表現した。ハイデッガーは、人は「死への存在」であると表現し、その不安をまぎらわすために日常を過ごしている人を「ひと(世人、ダス・マン)」と表現した。サルトルは、人間は自分のあり方を自分で決められる自由な存在であるという意味で「実存は本質に先立つ」とした。

重要用語チェック！❸　47ページ

(1)囚人のジレンマ　(2)トレード・オフ
(3)トリガー戦略　(4)法の支配
(5)立憲主義　(6)自由権　(7)社会権
(8)国民主権　(9)参政権　(10)ホッブズ
(11)ルソー　(12)違憲審査権　(13)国民投票法
(14)公共の福祉　(15)男女共同参画社会
(16)ポジティブ(アファーマティブ)・アクション

演習問題❸　48〜49ページ

1 ①価格　②利害　③効率　④公平
2 ①フランス革命　②議会　③憲法
3 (1)モンテスキュー　(2)硬性憲法
4 ①96　②3分の2以上　③発議
　　④過半数　⑤天皇
5 (1)ウ・オ・カ　(2)ア・ウ・エ
6 ①新しい人権　②環境
　　③プライバシー
7 (1)王権神授説　(2)市民革命
8 ①女子差別撤廃　②男女雇用機会均
　　等　③男女共同参画社会基本
9 ①ジェンダー　②14　③24

✕解説 **5**(1)ウは居住・移転の自由のこ
　とであり経済の自由、オは黙秘権の
　ことであり身体の自由、カは職業選
　択の自由であり経済の自由にあたる。
　(2)イについて、日本国憲法第18条で
　は「意に反する苦役」が禁止されてい
　る。オについて、日本国憲法では選
　挙に行くことは義務とはされていな
　い。

重要用語チェック！❹　69ページ

(1)社会運動　(2)ファシズム
(3)(住民の)直接請求権
(4)シビル・ミニマム　(5)条例
(6)三権分立　(7)両院協議会　(8)国事行為
(9)全国人民代表大会(全人代)

(10)普通選挙　(11)大選挙区制
(12)55年体制　(13)民間非営利組織(NPO)
(14)世論調査　(15)メディア・リテラシー

演習問題❹　70〜71ページ

1 ①政策　②政治権力
　　③マックス・ウェーバー
2 ①学校　②団体自治　③住民自治
　　④首長　⑤直接　⑥二元
3 ①過半数　②3　③3分の2
　　④50分の1　⑤20
4 A常会(通常国会)
　　B臨時会(臨時国会)
　　C特別会(特別国会)
5 (1)A行政手続法　B情報公開法
　　　C国家公務員倫理法
　　(2)イ

✕解説 **2**⑥「二元」とは、ものごとの「も
　と」となっているものが2つあるこ
　とをいう。ここでは、地方公共団体
　の首長と地方議会の議員の両方が、
　住民による選挙で選出されることか
　らこうよぶ。
3 条例案の議決の過程や、住民の直接
　請求権については表を用いて整理し
　ておこう。
4 Bの「臨時」とは「定時ではなく、そ
　の時の状況によって行うこと」なの
　で「必要に応じて開かれる」国会、C
　の「特別」とは「他とはっきり区別す
　ること」なので「衆議院解散総選挙の
　あとに召集しなければならない」国
　会。
5 (2)アの選挙権年齢の引き下げは、
　2015年の公職選挙法改正で行われた。
　ウは日本国憲法第15条4項に明文で
　規定されている。エの期日前投票は
　認められている。

重要用語チェック!❺　87ページ

(1)自然法　(2)刑事裁判
(3)リーガル・マインド
(4)権利能力平等の原則
(5)意思能力　(6)無過失責任
(7)消費貸借契約　(8)消費者基本法
(9)クーリングオフ(制度)
⑽消費者主権　⑾行政訴訟　⑿三審制
⒀児島惟謙　⒁統治行為論

演習問題❺　88〜89ページ

❶ (1)①ウ　②エ　③イ　④ア
(2)Aイ　Bウ　Cエ　Dカ
(3)A解除　B取消し　C無効
❷ ①令状　②現行犯　③黙秘　④無罪
⑤一事不再理　⑥遡及処罰
❸ ①消費者保護基本
②国民生活センター　③特定商取引
④クーリングオフ　⑤消費者基本
⑥消費者

解説 **❶**(2)15歳で遺言の作成が可能に
なる。被選挙権については,25歳で
衆議院議員・市区町村議会議員・都
道府県議会議員,市区町村長への立
候補が可能となり,30歳で参議院議
員と都道府県知事への立候補が可能
となる。

重要用語チェック!❻　115ページ

(1)機会費用　(2)株式会社　(3)付加価値
(4)高度経済成長　(5)第一次石油危機
(6)金本位制　(7)管理通貨制度
(8)金融政策
(9)ビルト・イン・スタビライザー
⑽直接税　⑾公的扶助
⑿連邦社会保障法　⒀福祉国家

演習問題❻　116〜117ページ

❶ (1)フロー　(2)ストック

❷ ①傾斜生産　②インフレーション
③経済安定9原則　④ドッジ・ライ
ン　⑤デフレーション　⑥朝鮮戦争
❸ (1)①90　②81　③72.9　④7.29
(2)ペイオフ　(3)BIS規制
(4)①ウ　②イ　③エ　④ア
❹ ①社会保険　②生存
③世界恐慌(大恐慌)
④ニューディール
⑤ゆりかごから墓場まで

解説 **❷**敗戦直後の物資不足によるイ
ンフレ→傾斜生産方式で対処→復興
金融金庫による融資でさらにインフ
レ→経済安定9原則(ドッジ・ライ
ンなどで具体化)で収束→安定恐慌
→朝鮮特需による好景気で経済復興,
という流れを確認しておこう。

❸ (1)預金が100万円,預金準備率が10
%のとき,A銀行がX社に貸し出せ
るのは100万円×(100−10)%＝90万
円(＝①)。B銀行のX社の口座にそ
の90万円が振り込まれたとして,B
銀行は90万円×(100−10)%＝81万
円(＝②)をY社に貸し出すことがで
きる。これを繰り返すのが信用創造
である。

重要用語チェック!❼　126ページ

(1)労働市場　(2)労働条件
(3)有効求人倍率　(4)正規雇用
(5)リカレント教育　(6)アンラーニング
(7)団結権　(8)団体行動(争議)権
(9)労働関係調整法　⑽最低賃金法
⑾職務給　⑿裁量労働制　⒀フリーター
⒁ニート(NEET)
⒂高度プロフェッショナル制度

演習問題❼　127ページ

❶ ①資本　②労働組合　③団体交渉

④28
2 (1)A労働基準法　B労働契約法
(2)労働基準監督署
3 (1)年功序列賃金　(2)ア
解説 **1**・**2**労働三法については以下のような流れで覚えるとよい。戦前期に抑圧されていた労働者を保護するために日本で初めて労働基本権を法的に保障したのが1945年に制定された労働組合法，労働争議の予防・解決の必要性から1946年に制定されたのが労働関係調整法，1947年に労働条件の最低基準を定めたのが労働基準法である。
3 (1)ジェームズ・アベグレン(1926-2007)はアメリカの経営学者。著書『日本の経営』のなかで日本的経営の特徴は「終身雇用」「年功序列賃金」「企業内組合」の3点にあるとした。
(2)アは正社員・正職員，イは非正社員・フルタイム雇用，ウは非正社員・短時間雇用である。

重要用語チェック！8 146ページ
(1)ウェストファリア条約
(2)勢力均衡　(3)「平和のための結集」決議
(4)平和的生存権　(5)防衛装備移転三原則
(6)難民　(7)国連平和維持活動(PKO)
(8)ODA(政府開発援助)
(9)NGO(非政府組織)
(10)NPO(民間非営利組織)
(11)人間の安全保障　(12)平和構築
(13)国連難民高等弁務官事務所(UNHCR)
(14)部分的核実験禁止条約

重要用語チェック！9 159ページ
(1)リスト　(2)比較生産費説
(3)GATT(関税と貿易に関する一般協定)
(4)外国為替市場　(5)金・ドル本位制

(6)アジア通貨危機
(7)資源ナショナリズム
(8)NIES(新興工業国経済地域)
(9)人間開発指数(HDI)
(10)持続可能な開発目標(SDGs)
(11)FTA(自由貿易協定)　(12)食品ロス

演習問題8 160〜161ページ
1 ①グロティウス　②条約
③国際慣習法
2 (1)①○　②安倍晋三　③閣議決定
④集団的　⑤○　(2)ウ
3 (1)①経常収支　②金融収支
③貿易・サービス収支
(2)第一次所得収支：イ
第二次所得収支：ウ
4 ①25　②0.5　③1.5　④少ない
⑤A国
5 ①キ　②セ　③カ　④ケ　⑤ス
⑥ア　⑦イ　⑧コ　⑨ト　⑩チ
⑪ウ　⑫ソ
解説 **2** (1)②小泉純一郎内閣ではなく安倍晋三内閣，③国会議決ではなく閣議決定，④個別的自衛権ではなく集団的自衛権である。
3 (2)第一次所得収支は海外で得た給料や利子などの受け取り・海外への支払いなど対外金融債権・債務から生じる利子・配当金等の収支のこと，第二次所得収支は国際機関などへの拠出金など対価をともなわない資金提供の収支のことである。
4 A国における毛織物一単位あたりの労働量はワイン25÷50＝0.5単位分。B国における毛織物の一単位あたりの労働量はワイン45÷30＝1.5単位分。よって毛織物一単位あたりの労働量はB国よりもA国の方が1.5＞0.5で少ない。